JN074247

M&Aにおける

IT

IT Due Diligence

デューデリジェンスの
実践ガイド

第2版

EYストラテジー・アンド・コンサルティング [編]

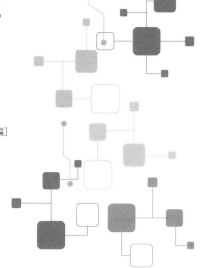

中央経済社

改訂にあたって

　テクノロジーの進化・データ分析技術・AI技術の向上のスピードは著しく，自動車・金融・エネルギー・医療・製造など様々な業界において，デジタル技術の活用範囲は拡大しており，M&Aにおいてもこれらの技術要素が注目されるディールが発生している。

　2018年に初版を発行して以降，デジタル技術をより活用したビジネスモデルを対象としたディールが増加しており，DDにおいても対象会社の技術的要素が他の会社と比較して強みがあるのか，そもそもリスクが存在していないのかを分析する「テクノロジーDD」の実施が求められるケースが増えてきている。

　今回の第2版においては，これらの状況を踏まえ，テクノロジーDDとITDDの分析目的・対象範囲の違いやテクノロジーDDの主要論点を新たな章として追加した。

　また，あわせてネットワークに関する主要論点，クロスボーダー案件の特徴，セルサイドとしてのITDDのポイントについても説明内容をより充実した。

　本書は，企業のIT担当者が，ITデューデリジェンスに関する主要論点や作業内容を理解できることを目的にしている。

　このような目的の中，今後も加速度的に進化するテクノロジー技術，これらを活用したビジネスモデルが出現することは予想され，この技術要素を強みにした事業を対象にしたM&Aが発生する蓋然性は高い。我々は読者が参画するM&Aの成功に寄与できるよう，新たなテクノロジー技術に対応すべく引き続きDDの方法論の更新を続けていきたい。

　2023年7月

ITDD担当　関　　智広

テクノロジーDD担当　末永　宣之

はじめに

　企業における IT の重要性は高まり，コンピューターの登場当初の自動計算処理からその適用領域は大きく拡大している。最近では AI・IoT・RPA などの様々な技術が登場しており，これらを活用した業務効率化，新しい事業への進出といった企業活動において欠かせない資産となっている。

　国内経済の低迷や海外の政治的な不確実性の影響で，企業のビジネス環境の変化が加速しており，その中で多くの日本の経営層はこれまでのオーガニックグロースによる成長は困難と認識しており，M&A による事業領域・シェアの拡大を強く意識しており，今後もこの傾向は継続するものと予想されている。

　このような状況下で，M&A の実行において当初計画した目標・シナジーを達成・発現し，成功させるためのテーマの 1 つとして「IT の計画どおりの整備・統合の実行」が非常に重要であるという理解が広まっている。特に M&A 実施判断における収益性モデルのシミュレーションでは IT 関連費用は大きな影響を与えるものとなり，デューデリジェンスプロセスにおける IT デューデリジェンスの重要性が高まっている。

　しかしながら，企業がディールを検討，あるいはデューデリジェンスを実施している最中に，法務・ビジネス等の観点から IT が大きな課題になりそうであるとの気づきから，急遽 IT デューデリジェンスを実施することがあるが，このようなケースにおいて，多くの場合，企業側の担当者は IT に関する知見が少なく，そもそも IT デューデリジェンスは何を分析し，何を明らかにするプロセスなのかがわからないまま実施されることが多い。

　本書はこのような方々が IT デューデリジェンスのポイント・作業内容や企業買収契約締結後に発生する様々な統合関連作業の存在を理解できるような構成としている。本書が M&A の推進に向けての何らかの気づきに貢献できれば幸いである。

　なお，本書執筆に際しては，様々な方々のご協力をいただいた。特に，多く
の時間と多大な協力をいただいた近田修一さん，末永芳奈さん，千葉勝太さん，
今野優さんに感謝の意を表する。

　2018年11月

関　　智広

Contents

第1章

M&AとIT

1 ┃ M&Aを取り巻く環境とその目的

(1) M&Aの概況

　企業が新たなサービスを創造し，事業構造の転換を図るまでの時間的猶予は，10年前に比べ非常に短くなっている。過去多くの企業が実施してきたような，何年もの歳月をかけ，事業やヒトを育てるという経営スタイルでは，グローバルに事業を展開する複合型企業には勝てなくなっている。また，拍車をかけるように，様々なテクノロジー（人工知能，IoT，ビッグデータアナリティクス等）が台頭し，これらは新たな産業を創り出すとともに，業界構造の変革を加速している。

　例えば，かつてM&Aといえば，サービス業を中心としたものであるとの印象があったが，近年，EV（エレクトリック・ヴィークル）の対応を視野に，自動車産業では部品メーカーを中心に再編が起こりつつある。そのような背景もあり，グローバル・マーケットのM&A件数は急増している。

　また，過去グローバルのトレンドに比べ，件数では大きく下回っていた日本マーケットにおいても，近年M&A件数は増加傾向にある。

　日本におけるM&Aの実施件数は，2010年以降右肩上がりの様相を呈してい

る。また，テクノロジーの進歩によるM&A案件は増える傾向にあり，今後も
M&A市場は好況となると予想される。

（2） M&Aの目的とITの重要性

① M&Aの目的

　企業とは，営利を目的とし，その経済活動を継続・発展させるものと定義で
きる。しかし，ビジネス環境が目まぐるしく変わる現在，自社の資源（リソー
ス）だけで，その経済活動を継続・発展させ続けることは困難になりつつある。
そのため，ビジネスを自らインキュベートするよりも，現存する事業を買収し，
取り込むことでビジネスの発展を図る手法としてM&Aが発展してきた。

　以下，代表的なM&Aの目的について紹介する。

（i） 新規事業の取得によるビジネス転換

　自社の進出していない新たな産業・事業セグメントに進出するため，特定の
事業を買収し，新たな産業に参入するためにM&Aを活用する。ただし，まっ
たく既存事業と関係のない事業を買収したとしても，チャネル，ノウハウが不
足するなか新ビジネスを成長させることは難しいため，自社が保有する事業と
のシナジー効果が創出できる事業を対象とすることが多い。例えば，IBMが
ハード型のビジネスからソフト型ビジネスに移行するため，コンサルティング
会社を買収した例が該当する。

（ii） ビジネス規模拡大による競争力強化

　企業規模が拡大すると，ボリュームディスカウントによる購買力の強化，製
造原価の抑制ができるようになる。そのため，収益性の改善を図り，新たな成
長機会を得るためにM&Aを活用する。特定産業を保護するために行う際に使
われる手法である。例えば，半導体事業を強化するため，ルネサス社が設立さ
れ，複数社の事業を集約した例や，テレビ事業を保護するためジャパンディス
プレイ社が設立された例などが該当する。

(ⅲ)　マーケットシェア拡大による収益力強化

　競合である企業を傘下に収めることで，マーケットにおけるシェアの拡大を図るためにM&Aを活用する。M&Aにより，マーケットにおける製品の供給量のコントロールが可能になり，価格統制力を強めることができ，また調達品のボリュームを増やすことでボリュームディスカウントによる調達コストの低減から，収益力の強化を図る。日本企業のM&Aにおいては，比較的よくみられる。

(ⅳ)　川上産業や川下産業への展開による競争力強化

　いわゆる川上，川下の産業に事業を拡大し，調達費用の削減，営業費用の削減をもくろむケースである。その結果，収益力の強化が図れるのに加え，川上であれば貴重資源の確保，競合他社に対する卸値の統制，川下であれば消費者ニーズの把握による製品開発力の強化のためにM&Aを活用する。

　例えば，自動車メーカーでいえば，ディーラーに資本を注入し，販売体制の強化を図る場合や，独立系サプライヤーに資本を投下することで，部品調達力の強化を図る場合が該当する。

(ⅴ)　人的資源の確保・拡充によるビジネス強化

　事業を展開するのに際し，人的資源が自社に枯渇する場合，有益な技術，ノウハウを持つ人材を確保するためにM&Aを活用する。特に新たなテクノロジーが産業を牽引するようなケースにみられるものであり，AI企業をGoogleが買収しているようなものが該当する。

(ⅵ)　特許，許認可の取得による商品ラインナップ拡充

　特許，許認可の取得に時間がかかる場合，当該権利を保有している企業を買収し，新たなビジネスを展開するためにM&Aを活用する。特に，特許権の獲得を意図したものは多く，製薬企業がバイオベンチャーを買収して特許を取得する場合や，魅力的なポートフォリオを手に入れるため，他の製薬企業を買収

する場合が該当する。

(vii) **資本投下，再生事業による収益獲得**

　ポテンシャルはあるが，実力相応の収益を上げられていない企業を対象に，資本を投下し，様々な改善策を実施することで，収益性を図るために M&A を活用する。PE ファンドが M&A で企業買収を行い，経営に参画し，事業再生を実施した後，エグジット（キャピタルゲインを目的とした売却）するのが代表例といえる。

　このほかにも M&A には様々な目的が存在する。そのため，買主になる企業のビジネス環境においてどのようなことが求められているかによって，M&A の実施目的は異なるといえる。

② M&AにおけるITの重要性

　現在のビジネスにおいて，経営情報の共有と，その情報に基づく客観的な指標による経営判断の実施は欠くことができない。また，ビジネスオペレーションの多くが IT システムに依存する現在，ビジネスの成長を加速させていくため，オペレーションを高度化，拡充していくのに IT システムは欠くことができない存在となっている。

　IT システムの投資には多額の費用と長い時間が必要になるため，誤った判断が多額の資金と時間を無駄にしかねないリスクも内在している。そのため，M&A 対象事業の IT システムを正しく理解した上で，M&A 後のビジネスを支える IT システム像をどのように描き実現していくかは M&A を成功に導く上で極めて重要であるといえる。

---

2 ｜ M&AのライフサイクルとITの位置付け

（1）　M&Aのライフサイクル

　M&A を実施するに際して，買主になる企業は，M&A 戦略策定・プランニングから始まる 6 つの大きなプロセスを経ることが必要になる。
　以下，各プロセスの概要について解説する。

①　M&A戦略策定・プランニング

　本フェーズでは，前述した様々な目的から M&A を実施するか否かを検討した上で，M&A 実施対象になる事業を保有する企業のリスト（ロングリスト）を作成する。その後，ロングリスト上の企業を条件からスクリーニングし，具体対的な交渉先になる企業を絞り込む。対象事業（法人格，または特定事業）の売却可能性を様々なルートを使用し調査した上で，売主になる企業に対象事業の売却を打診する。

　この際，買手が対象事業をいくら買いたいと考えても，売手にその意思がなければ M&A は成立しない。一方，M&A 交渉を通じ，買収を考えていることが競合他社に漏れ伝わった場合，先手を取られるリスクも内在している。そのため，当該交渉は，専門会社（大手会計事務所系，ブティック系ファーム，証券会社等）を通じ，覆面にて実施することが多い。

　なお，M&A による買収は公開買付を実施する場合でもない限り，対象事業の売却を売主が予定していることが前提になる。一方，事業売却の可能性は，秘匿性が極めて高い情報であり，外部から確認して簡単に得られるものではない。そのため，多くの M&A においては，売主がリストラクチャリングの計画を進めた後，対象事業の売却先を公募し始めてから案件が具体化することも多い。その場合，買主は，M&A 戦略を具体化せずに，公募に応じ基本合意フェーズ以降で，戦略を具体化していくことになる。

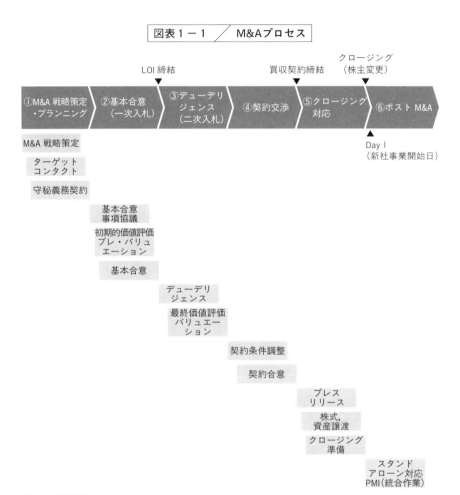

図表1－1／M&Aプロセス

LOI 締結

買収契約締結

クロージング
（株主変更）

①M&A 戦略策定
・プランニング
②基本合意
（一次入札）
③デューデリ
ジェンス
（二次入札）
④契約交渉
⑤クロージング
対応
⑥ポスト M&A

Day I
（新社事業開始日）

M&A 戦略策定

ターゲット
コンタクト

守秘義務契約

基本合意
事項協議

初期的価値評価
プレ・バリュ
エーション

基本合意

デューデリ
ジェンス

最終価値評価
バリュエー
ション

契約条件調整

契約合意

プレス
リリース

株式,
資産譲渡

クロージング
準備

スタンド
アローン対応
PMI（統合作業）

（出所：弊社作成）

② 基本合意

　本フェーズでは，M&A 戦略策定・プランニングを経て，ターゲットになる対象事業を特定した後，概要レベルの情報から，初期的価値評価，プレ・バリュエーションを経て，大枠の買収価格の提示を行うことになる。

　なお，この際，買主が1社ではなく，複数人が手を挙げる競争入札であることも多い。そのような場合では，売却の意思表明から1か月程度で一次入札を

実施する。この場合に開示されるのは証券会社等が作成した資料が中心であり，事業の概要レベルの情報に留まる。そのため，それら限定情報に基づき，買収価格を提示することになる。この際，証券会社などのアドバイザーを起用し，他社の動きを読みながら，その助言に基づき，買収価格の一次算出と入札を実行することになる。入札後は，2～3社程度に買主が絞られることが多く，その中で，デューデリジェンス実施に向けて基本条件が提示され，デューデリジェンスのフェーズに進むことになる。

③　デューデリジェンス

　本フェーズでデューデリジェンスを実施することになる。対象事業・売主に対する情報開示要求の実施，開示された情報に対する質問状（Q&Aリスト）の送付を通じて，各専門家が，対象事業が有する企業価値の算定を実施する。それらの調査結果を基に，M&A後の企業価値を算出するため，バリュエーション作業を実施する。その企業価値を基にして，買収価格・条件を提示し，その条件に基づき，売主は，売却先の検討を行うことになる。しかし，この時点で1社に最終交渉権を与えるとは限らず，2社程度を残し，契約交渉に関わる条件面での交渉を実施することもある。その場合，契約条件が出揃った時点で，実際の売却先が決まることになる。

　M&Aにおいて，本フェーズは売主と買主，双方の専門家による攻防戦になる。大量の情報開示要求と情報開示が昼夜を問わず進む。そして，買主側では各専門家が日に数百通のメールを飛ばし，情報の分析を実施する。そのため，情報開示からわずか数週間で対象事業の姿と，その有する価値を明らかにすることができる。

④　契約交渉

　前フェーズで売却先が決定するが，まだ買収を行うための条件交渉が残っている。そのため，本フェーズでは，様々な要件の整理と，売主との交渉を実施する。デューデリジェンスで関係した各専門家は，買主の条件面での要件を整

理し，交渉をサポートすることになる。

　本フェーズの中心的役割を担うのは，弁護士で構成される法務チームになる。契約交渉中，買主の要件や，各専門家から提出される要件を加味し，契約書に落とし込む作業を行う。海外案件の場合は，時差の関係もあり，日中は打ち合わせ，夜間は契約書のマークアップと多忙を極める期間になる。

⑤　クロージング対応

　契約交渉フェーズを終えると，クロージングに向けた作業が行われる。クロージングでは株式売却の実行と株主変更が行われるが，それに向けて，関係する取引先との契約面での手続き，また社名変更などの準備作業を実施することになる。

　実務上，本フェーズは買主，対象事業ともに多忙を極めるフェーズになることが多い。社内の手続きのために，様々な資料準備，新体制での事業実施に向けた準備を行うためである。そのため，多くのM&A案件において，クロージングを無事迎えるまでは，産みの苦しみともいえる期間が続くことになる。

⑥　ポストM&A

　クロージング後は，新たな株主の下，対象事業が運営される。そして，M&A実施の目的であるシナジー創出などの作業が本フェーズで実施される。長い場合，数年間をかけながら，M&Aの効果を刈り取る作業が実施されていくことになる。

（2）　M&AにおけるITの位置付け

　M&Aのプロセスの中で，ITに関わる作業は，図表1－2の太枠の部分であり，デューデリジェンス以降で登場する。基本合意フェーズで，情報開示が進み，様々な条件交渉が行われる中で，ITシステムの課題が明らかになることが多いためである。例えば，売主がITシステムに課題が存在するため，調査を推奨する場合もあれば，売主が大手企業の場合であれば，グローバルでITシステ

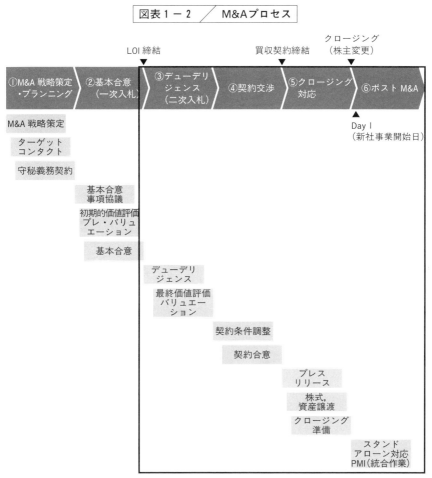

図表1－2／M&Aプロセス

（出所：弊社作成）

ムが統合されている場合もあるなど様々である。そのため，基本合意フェーズの終了後，デューデリジェンスチームの組成に伴いITデューデリジェンスチームも組成されることになる。

　ITデューデリジェンスは，財務等のデューデリジェンスとは異なり，M&A

で実施されないこともある。例えば，対象事業が使用する IT システムが完全に独立しており，老朽化等のリスクがまったくないと想定される場合は，あえて IT デューデリジェンスを実施する必要性がないと考えられるからである。一方，IT システムが売主の IT 資産に大きく依存しているような場合であれば，M&A により当該 IT システムを再構築するなどの費用が発生し，対象事業の買収価格算定に対し大きな影響を与えるため，IT デューデリジェンスの実施が必要になる。また，その他にも，対象事業自体が IT システムサービスを提供しているような場合は，ビジネス拡大に伴うフィージビリティー，新たなサービス提供時の追加投資による財務インパクトを図るため，IT システムのアーキテクチャーを広範に分析するための IT デューデリジェンスを実施することになる。

この辺りは買主の判断によるところではあるが，IT システムが有するリスクの大きさを考えれば，老朽化状況の把握とセキュリティー関連の調査だけは実施することを推奨する。詳細は後述するが，老朽化，セキュリティーの問題は，M&A 実行後，思いがけない費用を発生させるリスクを有しており，この時点でその影響を把握し，財務数値に換算した上で，買収価格に反映しておくことが，M&A 全体のリスク低減という点において重要になるためである。

一方，IT システムに関わる作業としては，IT デューデリジェンス実施の有無にかかわらず，クロージング対応フェーズでは，社名変更，各種 IT 契約更改などにおいて，IT に関わる作業が発生する。また，M&A 実施後，シナジー効果創出のため，買主が保有する IT システムに対象事業のシステムを統合する場合においては，クロージング以降のフェーズにて，システムの統合作業を実施することになる。

本書では，M&A における IT デューデリジェンス，契約交渉，クロージング対応，ポスト M&A の各フェーズについて，その実務の進め方を中心に解説を行っていく。

第2章

M&Aにおける
デューデリジェンス

IT デューデリジェンスについて解説を行う前に，本章では M&A における
デューデリジェンス全体の概要を解説する。

1 ┃ デューデリジェンスとは

（1） デューデリジェンスの定義

デューデリジェンス（Due diligence）とは，ある行為の結果責任を負うに際
し，その行為者が当然行うべき調査活動と定義できる。本章では，M&A におい
て，この活動は具体的にどのようなものであり，それが M&A においてどのよう
な意味をもつのかを中心に解説する。

（2） デューデリジェンスの必要性

M&A は，企業が競争の激しい環境で生き残っていくために有効な手段の1
つであるといえる。一方，M&A はその投資額の大きさゆえ，経営に与えるリス
クも非常に大きい。対象事業が有する価値算定における判断ミスにより，買主
である企業の経営自体が揺らぐ事態を招くといった事例も多く存在する。

　M&Aは，正しく実行すればビジネスを大きく進展させることができる一方，その進め方を誤れば，このような事態を招きかねないのである。そして，このようなM&Aに伴うリスクを少しでも低減するためにデューデリジェンスが存在するのである。

　そのため，デューデリジェンスにおいては，M&Aの対象事業に関わるすべての情報開示を求め，その財務体質の健全性はもちろん，市場でのプレゼンス，保有人材など，時間の許す限りあらゆる事項を検証する。これらの検証は，開示された情報をストレートに見比べるだけでなく，公知，非公知のあらゆる情報を多角的に照合・分析し，対象事業，または売主が提出する情報が正しいといえるかを検証した上で，対象事業が有するその価値を評価することになる。

　企業が営利を目的とした組織である以上，対象事業の経営陣，およびその売主である企業としては，少しでも高く企業を良い条件の相手に売りたいと考えるのが自然である。一方，企業活動は様々な側面と歴史を有しているのが一般的である。特にその中でも，買手企業に対し，マイナスの印象を与える情報は故意，過失にかかわらず，表に出しにくく，出にくいものでもある。そのため，デューデリジェンスでは対象事業が有する本来の価値を歪める要素を特定した上で，対象事業を評価するための情報を補正し，M&Aの実施の可否を判断するための情報を提示することにその大きな意義があるといえよう。

　一方，デューデリジェンスというと，M&Aに伴うリスクという点に関心が集まりがちであるが，対象事業が有する将来のポテンシャルについても明らかにして，正しく評価しなければならない。そのため，製品・サービスが有する差別化要素，潜在的な有力顧客はもちろん，費用計上額の財務上の正しい評価による収益改善要素など，対象事業，および売主が気づいていない価値を明らかにすることが必要になる。

　IT システムでいえば，対象事業の IT システムが老朽化しており追加投資が必要になる場合，IT システムのアーキテクチャーに課題があり，システム機能の拡張がない等が前者に当たるといえる。一方，既存の IT システムが保有するデータや IT システム機能を活用したデータ解析による生産性の向上可能性が後者に当たるといえる。そのため，現在の IT システムが，ビジネスを展開・発展させる上で，どのようなことができるのか，またはできないのかを正しく評価しなければならないのである。

　また，近年，AI（人工知能），IoT（Internet of Things）のようなデジタルテクノロジーが発展しつつあるが，それらテクノロジーを活用した場合，実現できるビジネスの将来像について明らかにし，対象事業の有する実力値を IT システムという側面から明らかにすることが必要になる。

　以上のように，デューデリジェンスは，M&A によるリスクの検証だけでなく，対象事業の隠された真の姿を明らかにし，その価値を正しく評価するプロセスであるといえよう。

2 ▎M&Aにおけるデューデリジェンスの目的

　M&A の案件ごとに，対象事業の置かれた環境，売主，買主の事情も異なるが，その中でも重点を置くべき調査項目について解説する。

（1）　ディールブレイカーの有無の確認

　ディールブレイカーとは，重要な権利や許認可の不存在など，M&A の検討を取りやめるほどの重要な項目を示す。可能な限りデューデリジェンスの初期段階で確認することが必要であり，ディールブレイカーの有無を確認し，報告することはデューデリジェンスの重要な目的といえる。

　IT システムでいえば，売主依存の IT システムの再構築費用，老朽化対応の

ための再構築費用が高額となった場合，スキームを維持することが困難になりディールをブレイクせざるを得ない状態を招く可能性がある。

（2）　M&A価格の算出

デューデリジェンス期間においては，対象事業をいくらで買収するかを決めることになる。そのため，対象事業をどのように評価するかにもよるが，例えばDCF法（ディスカウンテッド・キャッシュ・フロー法）を採用する場合，対象事業の将来事業計画の妥当性・実現可能性を調査し，M&Aシナジーを見込んだM&A価格算定のインプットになる数値を提供する。

ITシステムでいえば，IT投資に関わる費用，およびその後の運用費用が多額となりマイナス面の影響を与える可能性がある一方，M&Aシナジーの創出により，IT運用費用の低減，業務・システム統合による人件費の削減がプラス面の影響を与える可能性が存在し，これら費用の増減がM&A価格の算定に影響を与えることになる。

（3）　M&Aスキームの検討

デューデリジェンスを通して得られた情報を踏まえてM&Aスキーム（ストラクチャー）の検討を実施し，最終化することが必要になる。その際，どのストラクチャーを取るかで，税制面などに影響が出る。そのため，最適なM&Aスキームを比較・検討するためのインプットを提供する。

ITシステムでは，契約やIT資産を保有する主体がどの法人格によるかによって，IT資産の譲渡制限，権利帰属の見直しに伴う費用の増減が発生するため，それらのインパクトに応じ，場合によってはスキームの考え方に影響を及ぼすことになる。

（4）　契約内容の検討

デューデリジェンスを通して得られた情報を踏まえてM&Aリスクを抑制するために相手方に対して，「M&A実行までに対応を要請すべき項目」や「損

害が生じた場合に補償を求める項目」などの検討が必要になる。そのため，売主が主張する契約内容に対し，対抗案を示すためのインプット（老朽化リスクを含む譲渡資産の対象等）を提供する。

　ITシステムに関連する事項としては，TSA（トランザクション・サービス・アグリーメント）におけるITシステム利用に関わる条件と，譲渡対象になるIT資産の顔ぶれを整理し，それらの情報を提供することになる。

（5）　M&A手続きの項目精査

　当局の認可や独占禁止法上の届け出など，M&Aに係る手続きの確認が必要になるケースがある。特に，対象事業が外国企業である場合や海外で大規模な事業展開を行っている場合，海外での競争法に関する手続きが必要になるケースがあり，対応要否，施策内容の検討インプットを提供することとなる。

　ITシステムに関わるところでは，社名変更に伴う会社法，税法，および金融関連法，薬事法等の法令への対応が該当する可能性があり，その検討結果を手続き検討におけるインプット情報として提供することになる。

（6）　M&A後の事業運営方針の検討

　対象事業のM&A後の事業運営体制，事業運営方針などの検討のための調査が必要である。特に，M&A完了までの期間が短い案件においては，M&A後スムーズに事業を引き継ぐための各種検討を早期に行う必要がある。そのため，デューデリジェンス結果をインプット情報として提供することとなる。

　ITシステムに関しては，M&A後の事業継続に向けアプリケーション，ネットワーク等の切り替えなどの作業が必要であり，その検討のインプットとなる。特にクロージングまで短い期間しか与えられないことも多く，ITシステムのみならず，業務オペレーション上の暫定運用を含めた検討を行うための重要なインプットになるともいえる。一方，長期的にはITシステムの統合，機能改善によるバリューアップ・シナジー創出を図るためのロードマップ検討のインプットになる。

　そして，IT システムはビジネスオペレーションの前提になるため，様々な作業の前提（ボトルネック）になる可能性も高く，アクションプランを詳細に定義した上で全体の計画に織り込むことになる。

3 ┃ M&Aにおけるデューデリジェンスの位置付け

（1） デューデリジェンスの期間

　一般的に，デューデリジェンスの実施期間は，短くて 3 週間，長くても 6 週間程度となることが多い。その短い期間の中で，M&A 実行に関わる様々なリスクを分析し，想定費用を算出した上で買主に報告する。

図表 2 − 1 ／ デューデリジェンス概要スケジュール

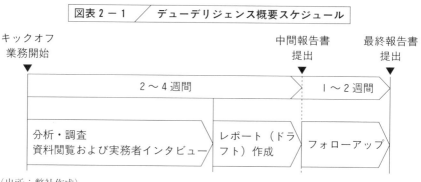

（出所：弊社作成）

　M&A 案件の中には，情報開示が想定どおりに進まない，またはインタビュー参加者の都合がつかない等の事情により期間の延伸が発生するが，概ねこの期間内に作業が完了すると理解いただきたい。

　なお，デューデリジェンスにおいて特徴的なのは中間報告会の位置付けといえる。中間報告会では，原則としてすべての調査項目について方向性を打ち出

さなければならない。短いデューデリジェンス期間において手戻りなく確実に結果を出すためには，できるだけ早い段階で方向性と結論を導出し，その後の調査方針を関係者間で認識合わせした上で，最終報告までに追加調査・検討といったフォローアップを実施していく必要がある。

（2）　デューデリジェンスの関係者とその役割

　デューデリジェンスフェーズでは，様々な関係者が関わりながら作業が進む。大きくは売主，対象事業の関係者，買主，FA（ファイナンシャルアドバイザー），M&Aアドバイザー（会計事務所，弁護士事務所，経営コンサルティングファーム，等）に大別することができる。以下，それぞれの役割を解説する。

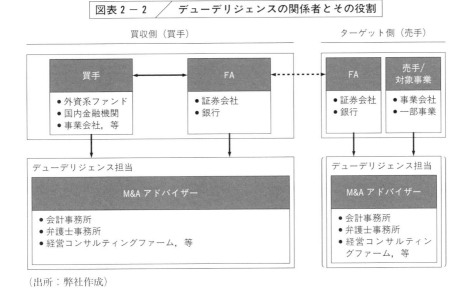

図表2－2／デューデリジェンスの関係者とその役割

（出所：弊社作成）

①　対象事業の関係者

　デューデリジェンスにおいては，対象事業の関係者が情報開示の主役として動くことになる。具体的には，マネージメントプレゼンテーション（事業概要の説明，今後の事業計画方針の説明等を行う），買主側の依頼に基づく関係資料の開示，Q&A の回答，インタビューへの参加などである。

　デューデリジェンス時点では，対象事業が M&A の対象となっていることは当該事業内の一部の人間しか知らない秘匿事項である。そのため，デューデリジェンスにおいて IT 等の担当者が不在であることも珍しくない。そのような場合，経営企画部門の部門長などで，過去，対象事業の IT システム業務に関わったことのある人に作業を依頼することになる。また，その場合，情報が古い等，正確性が担保できない状況が想定されるため，FA を通じ，担当者のウォールイン（M&A 検討チームへの参加）を依頼することが必要になる。

　なお，競争入札の M&A 案件の場合，対象事業の関係者は非常に多忙になる点に注意が必要である。通常，M&A 案件において，入札応札者（買主候補）間で，開示情報の共有を行うことはしないため，買主候補がそれぞれ提出する IRL（インフォメーション・リクエスト・リスト。50頁参照），Q&A に個別対応しなければならないため，作業量が集中してしまうのである。そのため，Q&A の回答が遅くなるなどの事態が発生し，そのような事態を想定した上での作業が必要となる。

②　売　　手

　デューデリジェンスにおいて，前述の対象事業の関係者が様々な調査依頼に対応することが原則である。ただし，売主が保有する事業の一部譲渡や，対象事業になる子会社業務を売主の関係部門が代行しているケースにおいては，対象事業の中に担当者が不在である（移籍者が決まっていない）ことが多い。そのような場合においては，インタビュー等の調査過程において売主側の担当者が対象事業の関係者の役割を担うことになる。

　売手担当者が担う重要な役割として情報開示の可否判断がある。

　企業によっては情報開示に対して消極的な場合もあり，売手が当該案件に対してどのようなスタンスであるかを早期に見極めることが重要になる。

③　買　　手

　買主は併走するデューデリジェンスで上がってくる情報を把握し，社内の調整を行う立場になる。そのため，デューデリジェンス開始のキックオフや，その後の方針検討等の報告会に参加・関与する。調査結果の確認・判断，状況によってはアドバイザーとの議論や追加調査の依頼を行うなど多忙を極める。

　この中で，買主の経営陣がM&A実施の目的をどのように捉えているかは，デューデリジェンスを進めていく上で非常に重要になる。そのため，デューデリジェンス開始冒頭にて，方向性，関心事項を確認しておくことが必要になる。

　また，M&Aを実施する上で，複数の法人が共同で買主となる場合は，買主が複数存在することになる。

　この場合，デューデリジェンスにおける発見事項，またM&A後の方針等を複数の買主が適宜共有しながら，デューデリジェンスを実施しなければならない。その場合，個別または一堂に会し，買主間の合意形成を図りながら進めることが必要になる。

　特に金融系の案件は関係者が多岐にわたることが多い。そのため，特定の買主と会話しながら報告書をまとめた場合，報告会の場で，こういう話を聞きたいわけではない，と話が止まってしまうことがある。そのため，関係者が多岐にわたるケースでは，情報を共有する打ち合わせの機会をこまめに持ち，その情報共有の場を通じ，案件に関する関係者間の認識を合わせていかなければならない。

④　FA（ファイナンシャルアドバイザー）

　FAと呼ばれる立場で，証券会社，会計事務所のメンバーが関わることが多

く，売主・買主の双方にそれぞれつくのが一般的である。FAの仕事はM&Aを円滑に進めるべく，相手方と情報連携を図りながら，M&A成立に向けた様々な助言を売主，または買主に対して行う。

　なお，買主側のFAは，デューデリジェンスにおいて非常に重要なポジションを担うことになる。相手方の情報開示が進まない場合のQ&Aの催促，インタビューセッションの設定，報告会の設定等の様々な手続きを調整する。そのため，デューデリジェンス期間に生じた課題事由について，FAと連携しながら，対応方針を決めて対処していくことになる。

⑤　M&Aアドバイザー

　M&Aアドバイザーとして会計事務所，法律事務所，経営コンサルティングファーム，ブティック系ファーム（環境調査等）が，M&A案件の特性に応じ，関わることになる。

　M&A案件に関わるアドバイザーは，M&A案件を専門としていることが多く，お互いがデューデリジェンスにおけるポイント・論点を理解しており，阿吽の呼吸で作業が進むことが多い。

　もっとも，論点が複雑で期間が短い等の場合，アドバイザー間の情報連携が必要になる。そのため，キックオフ後，個別に打ち合わせの場を持つなどし，調査方針，連携タイミングなどを摺り合わせ，また必要に応じては情報共有の場を設けながらデューデリジェンスを進めることが必要になる。

4 ┃ デューデリジェンスの種類と体制

(1) デューデリジェンスの種類

① 概　略

　M&A の案件において，財務，税務，法務のデューデリジェンスは，事業価値を見極め，リスクを判断する上で必須業務といえる。しかし，これら三種類のデューデリジェンスだけでは，様々な事業を対象とする M&A をすべてカバーすることは困難である。そのため，実際には他の様々なデューデリジェンスが存在している。

　なお，各デューデリジェンスは，主要目的は異なるが，相互に重なる領域が多く，連携しあいながら作業が進んでいく。特に IT デューデリジェンスは，IT システム自体が各領域の業務を支える基盤になるため，各デューデリジェンスに関係することになる。そのため，IT デューデリジェンスは，他のデューデリジェンスと緊密に連携することが必要になる。

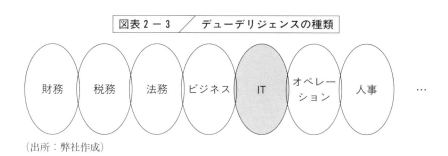

図表 2 － 3　／　デューデリジェンスの種類

財務　税務　法務　ビジネス　IT　オペレーション　人事　…

（出所：弊社作成）

　以下では，各デューデリジェンスの概要について解説する。

②　財務デューデリジェンス

対象事業の財務数値を分析し，適切な会計処理が行われているかを明らかにし，実態純資産，および正常収益力を把握する。対象は，対象事業の全エンティティーに及び，広範囲な調査・分析を行う。また，買主側の会計処理に照らし合わせた際，財務数値がどのようなインパクトを受けるかについても明らかにすることが必要であり，当該インパクトを評価し，資産と収益力の再評価を行う。当該結果は，バリュエーション（企業価値算定）を実施する際のインプットになるため，デューデリジェンスにおいて，財務デューデリジェンスは欠くことのできない作業といえる。

そして，IT システムとの関係でいえば，財務数値の中には IT システムに関わる投資費用，償却費，運用費用が含まれる。そのため，これら IT システムに関わる費用，および資産の整合性を双方で図ることが必要になる。

③　税務デューデリジェンス

対象事業の過去の税務申告状況を把握し，潜在的な過去の税務リスクの把握，ストラクチャー案を策定する。海外取引を行う事業においては，税務当局の方針変更に伴う課税リスクなども把握することが必要であり，広範囲に調査・分析を行う。税務当局からの課税が確定した場合，数億円を超える規模の費用が対象事業の収益にマイナス要素として作用する。また，当該ケースは国内の税務当局からよりも，海外の税務当局からのケースが多く，現地の事情に通じたメンバーをアサインし，作業を進めることになる。

IT システムとの関係では，財務同様に，IT 資産総額等の整合性を図ることが必要になる。

④　法務デューデリジェンス

対象事業の過去または現在の契約状況を把握し，契約条文中の不利益条項の探索，係争中の訴訟については今後の支払いリスクの算定，および将来発生しうる訴訟リスクを明らかにする。当該対象は，対象事業の全契約書類に及ぶた

め，膨大な数の資料が開示され，それらを担当チームがすべて分析することになる。訴訟リスクは，訴訟判決次第では数億円を超える支出インパクトをもたらすため，慎重な作業が必要になる。また，独占禁止法に抵触するかなどの手続き面での精査も必要になるため，海外の法律事務所と連携しながら作業を進めることになる。

　ITシステムとの関係では，ITベンダー各社との契約条件，およびM&A実行に向けた手続き面での情報の共有が必要になる。

⑤　ビジネスデューデリジェンス

　対象事業の売上，収益力を把握した上で，マーケット環境，バリューチェーン上の課題と対応策を検討し，事業性の評価，およびM&Aによるシナジーによるバリューアップ要素を分析し，M&A後の売上，収益力を算定し，企業価値評価のインプット情報を提供する。当該結果は，企業価値算定時の主要なインプットになる一方，調査・分析すべき内容は多岐にわたるため，マーケット情報等に精通した専門家を含めたチームを編成するなどして，作業を進めることになる。

　ITシステムとの関係では，成長シナリオに対し，ITシステムとしてどのような追加投資を行うべきか，また，生産性向上のため，ITシステムの機能改修を行うべきかといった点で整合性を図ることが必要になる。

⑥　オペレーションデューデリジェンス

　対象事業における経理，人事，総務，物流，調達等のオペレーションに関わる人員構成，業務内容を把握し，対象事業を運営するのに必要になる人員規模・スキル要件，事務所移設等の費用的インパクト，および，M&A後の対応ロードマップを明らかにする。近年，多くの大企業ではグループ会社のバックオフィス業務を中心に，標準化，集約化（シェアードサービス化）が進んでおり，グループ会社間での垣根がなくなりつつある。そのため，対象事業を売主グループから切り出した場合，業務プロセス面におけるインパクトを明らかにする

ニーズが強くなり，当該デューデリジェンスの事案も増えつつある。

　また，IT システムとの関係では，オペレーションを分離する際の時間軸の整合，および必要になる追加投資，そしてビジネスオペレーションのパフォーマンス面での改善をどのように図るか，といった点で密な連携が必要になる。

⑦　人事デューデリジェンス

　対象事業における要員構成(配置，年齢)，給与等の諸規則を把握し，課題事由を識別する。その後，M&A 実施後の人件費上昇のリスクの把握，および具体的な上昇金額の算出，規則等の改定・統合プラン，労組対応等，取り組むべき内容を明らかにする。人事制度を統合したい，というようなケースにおいては，不利益変更ができないため，給与・報酬を上昇させなければならない場合には数億円以上のインパクトをもたらすことがある。そのため，単なる現状調査にとどまらず，人事制度の統合シナリオにおいて，費用シミュレーション等を行いつつ，M&A 実施後の方向性を決めながら作業を進める点に特徴がある。

　IT システムとの関係では，IT システムが売主に依存していた場合，スタンドアローンの期限と人事制度の切り替えタイミングについての整合性を図ることが必要になる。

⑧　その他デューデリジェンス

　近年 M&A の実施件数が増加するとともに，M&A 後に生じる課題に未然に対処するための施策として，様々なデューデリジェンスが登場しつつある。特に製造業に対する経験則として，工場敷地内の土壌汚染状況の把握と，費用インパクトを算出するための環境デューデリジェンスなど，M&A 案件の性質に応じ，必要な専門家で構成するデューデリジェンスを実施することになる。

　それらが IT システムと関係するとは限らないが，FA と確認した上で，必要があれば各アドバイザーと連携しながら作業を進めなければならない。

　これらデューデリジェンスは，M&A の対象事業が抱えるリスクを俯瞰した

上で，必要な専門家を投入することが望ましい。一方，デューデリジェンスも
それ相応の費用が発生する。そのため，プレ・バリュエーションの段階で，FA
等の専門家と協議し，デューデリジェンスの実施対象を選定すべきである。ま
た，以上のようにITシステムは各デューデリジェンスに関係するため，各チー
ムとは連携を密にしながら作業を進めることが必要になる。

（2）　デューデリジェンス実施体制

　デューデリジェンスにおいては，M&AのPMO（プロジェクト・マネージメ
ント・オフィサーの略で，プロジェクト全体の取りまとめ，調整役）を中心と
した様々な専門家が関わるチームを構成することになる。PMOは相手方売主
との調整窓口を担当し，各チームはPMOを介して，様々な情報開示依頼を実施
する。

　実際のデューデリジェンスでは，作業内容の関連性から，法務，財務・税務，
ビジネス，オペレーション・IT・人事のカテゴリーでチームを構成することが
多い。そして，証券会社，会計事務所，経営コンサルティングファーム等の様々
な専門家が関わることになる。そのため，チーム間，領域間で漏れが発生しな

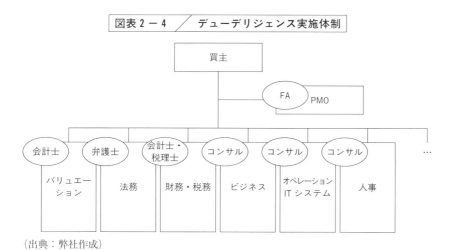

図表2－4　／　デューデリジェンス実施体制

（出典：弊社作成）

いように，デューデリジェンスのキックオフ等のタイミングで，各領域がどのような調査を行い，いつどのように連携するかを十分に確認する必要がある。

　また，デューデリジェンス実施中は，PMO が各デューデリジェンスの状況を確認し，必要な情報を連携するよう指示するなどして，デューデリジェンス全体の整合を図りながら作業を進めていくことになる。その点，デューデリジェンスの成否は，PMO と各チームのリーダーの手腕に関わってくるともいえる。

　IT システムは前述のように各チームの調査結果に影響を与えるため，調査状況の共有，検討結果の調整を行いながら進めることが重要になる。

第3章

ITデューデリジェンスの概要

1 | ITデューデリジェンスが必要とされる背景

(1) M&Aの可能性と内在するリスク

　M&A実施の目的は，新たな事業を始めるため，技術を獲得するため，魅力あるポートフォリオを構成するため，将来性ある企業に投資を行いそのリターンを得るため等，案件によって様々であるが，既存の事業を買収することで，短期間にビジネスを強化していくことができることはM&Aの大きな魅力であるといえよう。

　そして，いずれの案件にも共通しているのは，M&Aで得られる対価と，投資額のバランスを図り，前者が上回らなければならないことである。そのため，デューデリジェンスにおいて，開示情報を基に，M&Aによる費用対効果を算出することが重要になる。

　一方，対象事業の売主が交渉段階で開示する情報が必ずしも正しい情報であるとは限らない。それは故意・過失を問わず，である。そのため，買主は売主の開示情報を自らの手で確かめ，精査することが不可欠になる。

　仮に，その精査に失敗した場合，経営陣に対する株主からの責任追及や，場

合によっては消費者の信頼の低下に伴う企業ブランドの毀損をも招く恐れがある。

　そのため，M&Aの対象事業に内在するリスクを様々なデューデリジェンスの中で明らかにし，当該事業の買収価格をいくらとすべきか，その際のリスクによる影響，といった点を明らかにし，M&A実施の可否を判断しなければならない。

（2）　ITシステムのビジネスにおける重要性

　ITシステムは，数年前に比べ，オブジェクト指向型言語の発達から登場したフレームワークの進化，デザインパターン等のモデリング技術から発展したアジャイル指向型開発の進化，様々な業務用パッケージの登場により，その構築費用・導入期間は低価格化，短縮化されつつある。

　しかし，ITシステムの導入には，まだまだ多くの時間と費用が必要であり，ITシステムに関わる対応を誤った場合，その費用と期間がオーバーランし，想定するビジネスを展開できないなど，対象事業が有する事業価値を毀損し，M&Aの意義自体を喪失しかねないリスクを有している。そのため，M&Aにおいて，対象事業が使用するITシステムを正しく捉え，M&A実施の目的を達成するための適切な対応を踏まえた上で，M&A実施の可否を判断することは非常に重要であるといえる。

　そして，近年，ビジネスを展開する中において，ITシステムが果たす役割は増し，経理処理はもちろん，顧客注文の受付，生産中の在庫数量の把握，購買の見積依頼など，その用途は複雑かつ多岐に及んでおり，ITシステムなしでは事業を継続することが困難となりつつある。

　近年では，どの業界でもバリューチェーン上の多くの領域においてITシステムを活用している。特に，基幹系と呼ばれる受発注管理，顧客情報管理，社

内情報管理・文書管理・経理・会計処理，人事給与管理においては非常に高い割合となっている。

　2000年以降，これらの領域においては，ERPパッケージ等のITシステムを導入し，業務の効率化を図るだけでなく，グループ企業間で同一のシステムを使用し，業務の標準化とITシステムの最適化を図る取り組みが盛んであり，領域も前述のバックオフィス業務の一部を対象とした領域から販売，購買に広がりをみせ，国内にとどまらず海外を含めたグローバルワンシステムを構築する事例が徐々に増えつつある。

　また，ITシステムの活用目的も，単なる業務の効率化を求める取り組みにとどまらず，顧客満足度や競争優位性の向上など，ビジネスを強化するための投資比率が高くなりつつある。

　ITシステムは，近年，AI, IoT, RPA等のデジタルテクノロジーとして急激な発展を遂げており，多くの企業はデジタルテクノロジーを積極的に取り込むことを進めている。

　ディープラーニングを中心としたAIは，コンタクトセンターの無人化，社内のナレッジ強化を目的としたFAQなど様々な分野に適用され，その可能性を示し，様々な領域において実証実験と実用運用が行われている。

　AIそれ自体で作業工数を劇的に削減することは難しいともいわれるが，製造業でいえば職人に必須の知識の蓄積，小売であれば商品の需要予測，金融でいえば審査業務の自動化による確実性の担保という具合に，ビジネスを展開する上で欠くことのできない存在となりつつある。

　IoT は，工場設備と基幹システムの間をつなぎ集めた膨大なデータから，生産活動の最適化を図ろうとして話題になり，各社が大小様々なプロジェクトを立ち上げ，イノベーションの創発を目指している。

　IoT それ自体はまだ発展途上のテクノロジーではあるが，遠隔モニタリングによる予防保全，故障予知，飛行機・船舶の航路の最適化など様々な用途でその活用が始まっている。今後，ビジネスは IoT テクノロジーを前提としていくことが予想され，企業がどのような IoT プラットフォームを持ち，どのようなデータを蓄積しているかを調査し，そこにリスクがないかを確かめることが重要になる。

　RPA（ロボティクス・プロセス・オートメーション）は，今までヒトが行っていた業務を大幅に代替し，大幅な業務時間の短縮，品質の向上，そして不正防止に大きな効果があるため，バックオフィス業務を中心にその導入が進みつつある。
　RPA においては，様々な取り組みが試行されているが，ロボットによる代行処理による業務の効率化については，その成果が認められており，RPA を使用していないことをもってビジネスプロセスが非効率化しているといっても過言ではない。
　そのため，IT デューデリジェンスにおいてビジネスパフォーマンスを推し量る，または向上させる施策の 1 つとして，欠くことのできないものとなっている。
　また，RPA 自体はヒトが行っている作業を代行するものであるため，パッケージシステムを利用した IT システムの再構築方法として，追加開発を最小化し，早期に IT システムを構築する際の手段としても活用できるため，その適用可能性を十分に把握しておく必要がある。

　これらデジタルテクノロジーの発展は，基幹系システムを中心としていた IT デューデリジェンスの調査範囲が拡大し，工場の生産活動そのもの，コンタクトセンターの活動そのものが広がることを意味する。そして，それら IT システムが蓄積するデータを活用し，データ分析による収益力の向上というビジネスの根幹にまで及ぼうとしているのである。

　このように，IT システムとビジネスはもはや一体をなしており，切り離すことができなくなっている。それに拍車をかけるように登場したデジタルテクノロジーは企業活動そのものを根本から変えつつある。その点，IT デューデリジェンスが M&A において果たす役割が飛躍的に高まりつつあるといえる。

（3）　IT システムがもつマイナスの側面

　前述のように，IT システムは事業継続のために不可欠な存在であるが，IT システムの構築には数年の期間と，数億円を超える費用，そして完成遅延，予算超過のリスクも見え隠れする。もちろん，十数年前に比べ，IT システム構築の期間・費用の見積り精度は向上しているが，遅延，超過のリスクはなくなったわけではない。また，近年，IT システムはビジネスそのものとなりつつあり，IT システムの老朽化が招く業務効率の低下，必要な機能の不足から生じるビジネスにおける機会損失による対象事業の企業価値低下は，M&A の成功を妨げかねないリスクを有しているといえる。

　一方，M&A という事柄の性質上，ディスクローズ（プレスリリース等）前に，IT ベンダーに見積り等の相談をすることは，秘匿性の観点から不可能であり，デューデリジェンスフェーズの短い期間において，そのリスクや，IT システム再構築に伴う費用を洗い出すためには，IT システム全般を理解し，ビジネスプロセスにも精通した人材による作業が不可欠になる。

　図表 3 - 1 は，IT システムに関わる IT 費用増加のリスクである。実際，当初想定していた費用・期間を大幅に上回るケースが多い。以下にてその主な内

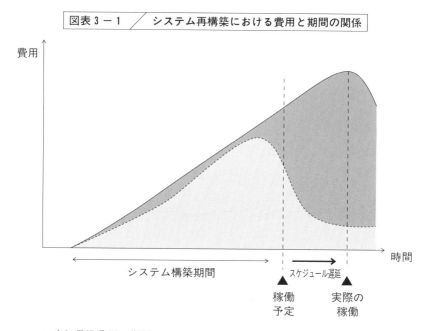

図表 3 - 1 ／ システム再構築における費用と期間の関係

費用

時間

システム構築期間

スケジュール遅延

稼働
予定

実際の
稼働

当初見込費用・期間
実際の費用・期間

（出所：弊社作成）

容を解説する。

①　ITシステム投資額の増加

　ITシステムの構築には，数百万～数億円の投資が必要になる。そのため，IT
投資が経営に与えるインパクトは非常に大きいといえる。

　例えば，M&A実行後，ITシステム自体が老朽化しており早急なバージョン
アップ等の対応の必要性が表面化し，当該システムを再構築した場合，企業は，
想定外の大きな費用を負担することになる。しかも，単年で数億円の追加投資
が必要となれば，企業の大小はあるとしても，経営に与える影響は大きいとい
わざるをえない。

　また，M&A実施によるシナジー創出のため，ITシステムの統合を図った場合，ITシステムに関わる運用保守費用の削減に加え，業務オペレーションの標準化と，それに伴う要員の再配置が可能になる。しかし，今まで別々にビジネスを行ってきた2社のITシステムを1つに統合することは，関係者の感情面を含めた様々な配慮が必要であり，どちらのビジネス要件を優先すべきかについて議論が収束せず，まとまらないことが多い。そのため，ふたを開けたら2つの機能が併存してしまった，という例もよく目にする。また，ITシステムの統合作業において，投資額がM&A実施前の想定額から大幅に乖離し，数億円単位の追加投資を招いてしまった例は枚挙にいとまがない。

　このような不測の事態を防ぐため，デューデリジェンスにおいて，ITシステムの老朽化，ITシステム統合におけるリスクを開示資料，および様々なインタビューを通じて把握した上で，必要になる投資額の大きさと経営に与える影響を正しくレポートすることが必要になる。

②　ITシステム運用費用の増加

　ITシステムの再構築に伴う投資もリスクだが，投資後のITシステムの運用費用にも目を向ける必要がある。

　IT運用費用の代表的な論点は，ソフトウェアのライセンス運用保守費用の増加である。パッケージシステムはITシステム構築の確実性を高めるとともに，法令対応等が必要な場合，ITベンダーが対応してくれるなどのメリットがある。それらサービスを受けるためには，ライセンスの購入と運用費用の支払いが必要になる。

　一方，パッケージシステムの価格体系には透明性の低いものも多数存在する。パッケージシステムの価格は，ITベンダーの標準価格体系こそ存在するが，多くのケースでは，対象会社およびその親会社等を対象とした値引を含んだ包括契約となっている。

34

パッケージシステムの価格体系は，

> ユーザ数×単価（基本価格−値引）＝契約金額

から考えるのではなく，

> 契約金額÷ユーザ数＝１人当たりの単価（基本価格との差額は値引き交渉）

という発想で，値引額を調整して価格を計算しているため，算出根拠が不透明であることが多い。

　また，関連会社に対しては，同一価格でのサービス提供を認めている一方，株主資本比率による制限（51％以上の株式を保有していない場合，同一価格適用の対象外とする）を契約条項に盛り込む IT ベンダーも多く存在する。そのため，対象事業が子会社の傘下から抜けた途端，新たな価格体系の下，サービス保守を受けることになる。その際，金額を維持できればよいが，サービス価格の増額になることも珍しくない。

　仮に，ワンライセンス５万円/年の増額でも，ユーザが1,000人居れば，5,000万円/年の PL インパクトを与えてしまうため，看過できないのである。

　このような事態を避ける意味でも，デューデリジェンスにおいて，IT システムを運用する上で必要になる費用を分析した上で，M&A により，それらの費用がどのように増減するかをシミュレーションし，対策を練った上で，レポートすることが必要になる。

③　ITシステム再構築スケジュールの遅延

　IT システムは，費用面の超過も問題であるが，スケジュールの遅延にも配慮しなければならない。ビジネスを支える IT システム構築・稼働の遅延は，ビジネスの遅延そのものにつながるためである。

　例えば，製造業の現場では，ERP システムが大量の製造指図を MRP（生産

資源計画）で発行し，仕入先に対する発注はEDIを通じ取引先に送付され，原材料が入荷する。また，仕入先・得意先に対する様々な帳票はITシステムが生成している。仮に，これらが停止した場合，生産活動を継続することは極めて困難であり，ITシステムの停止は生産活動そのものの停止を意味することとなる。同様に小売・流通，公共機関も，業態こそ違うが，その経営がITシステムに大きく依存している点は製造業と大きく変わらない。そのため，どの産業においても，ITシステムをどのように扱うかについて慎重に検討しなければならない。

　デューデリジェンスにおける投資額の算出は，M&A実行に関わるスケジュールに大きく依存し，費用発生タイミングを特定し，バリュエーションに反映させなければならない。その際，ITシステムの統合ポイントをいつ，どのように設定できるのか，そのための期間は十分といえるか，M&Aにおける当事者のパワーバランスによる影響は生じないか，といった様々な要素を加味した上で，慎重にスケジュールを策定することが重要になる。

　このように，ITシステムの構築スケジュールは財務的なインパクトに直結する。そのため，デューデリジェンスにおいて，開示情報を基に多角的に分析し，M&A完了に向けたスケジュールを正しく描く必要がある。

（4）　その他企業価値に及ぼすインパクト

　弊社の経験上，カーブアウト案件等でシステムを再構築する場合，数百万～数億円単位のワンタイム費用が必要になる。また，ITシステムが老朽化している場合，そのバージョンアップ作業に伴い，最大数億円規模のワンタイム費用が必要になる。そのため，ワンタイム費用捻出のためのキャッシュフロー悪化，投資後の減価償却費の発生，ITシステムを運用するための運用保守費用の増加による収益力の低下を招くため，財務数値をマイナス方向に振れさせる可能性がある。

　また，ビジネスを成長させていく上で，IT システムが拡張性を有していないと，本来のビジネスを実行できず，長期的な視点で機会損失を招き，企業価値を毀損しかねない点にも留意が必要である。そのため，IT システムを使用し，ビジネスを展開するような事業において，新たなサービスを提供しようとした場合，想定外の投資が必要となってしまうこともある。

事　例　　消費財メーカーの事例

　ある消費財メーカーでは，代理店ビジネスから直販ビジネスへの転換が悲願であり，様々な検討を進めていた。しかし，ビジネス上の課題に加えITシステムにおける課題が深刻であり，ＳＣＭ周りのシステム機能が複雑化しており，機能を拡張することが極めて困難な状態にあった。そのため，フロント系システムを改修しようとしても，バックエンドのITシステムとの連携ができなくなる恐れが高く，関連するITシステムの大幅な刷新に伴い多額の費用および長期間を要することとなり，ビジネスの展開が大幅に遅延することとなってしまった。

　企業が保有する個人情報の漏えい等，情報セキュリティーへの関心が高まっている近年，IT システムの管理体制，IT システムが有する情報セキュリティー機能といった点にも十分な注意をする必要がある。仮に，情報セキュリティー対策が不十分な状況下で，ウイルス攻撃が行われた場合，操業が停止し製品供給ができない可能性，あるいはサービス提供ができない等の事態による損害賠償として多額の請求を受ける可能性がある。

　また，デジタルテクノロジーが進展する現在，企業が管理するデータ量は飛躍的に増加しており，その内容も顧客のコンタクト履歴，生産活動履歴など多岐に及んでいる。そして，守るべきデータは，かつての自社サーバー内だけを考えればよい時代から，IT ベンダーが提供するクラウドサービスが保有するデータ，製造現場のエッジコンピューター内ローデータ，モバイル端末内のデータと広がっており，情報セキュリティー対策の難易度も高まっている。

　しかし，それらデータに対するサイバー情報セキュリティー対策は不可避で

あり，対策を怠った際の損害は看過できないものになりつつある。そのため，情報セキュリティー管理に関し，M&Aを実行する対象事業が十分な対策を講じ，管理が行き届いているかを精査することが不可欠となる。

　ITシステムがビジネスの中で重要性を増すなか，売主および対象事業の企業価値に与える影響は極めて大きくなっており，内在するリスクを正しく評価・報告し，最適な経営判断を行わなければならないといえる。

(5)　ITシステムに内在するリスク項目

　M&Aを実施した後，対象事業の保有者が変更となるのだが，その際に考えなければならないリスクとしては，想定外の追加発生を招く老朽化リスク，そして，対象事業が使用するITシステムの売手依存を解消するために新たな投資が必要になるスタンドアローン化リスクが挙げられる。以下では，それらリスクについて解説を加える。

①　IT資産の老朽化リスク

　ITシステムの多くは，システム使用後，ITベンダー（ソフトウェアベンダー）の保守契約が付与されている。

　この契約の多くは，販売したITシステムに不具合が生じた際，ITベンダーが修正プログラムを配布し，動作保証をする。また，仮に不具合によってデータが毀損した場合，その保証を行うものも存在する。

　多くのITベンダーは製品の開発を5〜10年程度のサイクルで実施するため，古い製品は一定期間経過後，そのサポートを打ち切る措置を講じるのが通常である。そのため，定期的な頻度でITシステムのバージョンアップ作業が必要になるのである。

　ITシステムの保守期限が切れても，製品が安定稼働していればサポートは必要ない，という考え方もあるが，ビジネスを行う上でITシステムが不可欠となっている現在，不具合によるデータの毀損，場合によってはITシステムのダ

ウンにより事業継続ができなくなる事態が発生した際の損害という意味では，サポートの必要性を否定できない。

　そのため，アプリケーション階層はもちろん，ミドルウェア階層，ハードウェア階層に至るすべてのシステムが保守期限切れを起こしていないかを確認することが重要になる。

　また，この保守期限切れ問題は，現在の発生有無にかかわらず，将来の発生可能性も調査しなければならない。仮に，IT システムの保守期限が切れた場合，IT システムのバージョンアップには，多額の費用がかかることが多いためである。

　例えば，データベースサーバーが保守期限切れを起こし，バージョンアップしようとした場合，データベース使用言語がそのまま活用できるかの影響調査，その後のソースコードの改変，そして，膨大なテスト作業の実施が必要になり，その費用は数十億円規模になることも珍しくない。

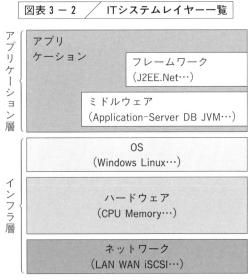

図表 3 － 2 ／ IT システムレイヤー一覧

（出所：弊社作成）

　そのため，IT デューデリジェンスにおいて，IT システムがいつ保守期限切れを起こす可能性があり，そのための投資計画を事業計画に織り込んでいるか，その金額は適正であるかを確認することが必要になる。

②　スタンドアローン化リスク

　近年，多くのグループ企業内において，同じ IT システムに関わる様々なリソースを共有する改革が進められてきている。それらの取り組みはグループ経営を強化する点では正しい一方，M&A となると，当該グループ離脱により IT システムの利用ができなくなり，新たな IT システム構築に伴う投資が必要になるなどの事態を招く恐れがある。そのため，M&A により対象事業が売手グループから切り離されることに伴うリスク，スタンドアローン化リスクというものが存在している。以下では，IT システムの構成要素が有するリスクの内容について解説を加える。

⑴　アプリケーション

　基幹系システムにかかわらず，情報セキュリティーソフトに至るまで，共通に使用している IT システムが存在していた場合，それら IT システムを作り直すことが必要になる。どの程度の金額が必要になるかは対象となる IT システムによって様々ではあるが，場合によっては数十億円規模の費用が発生することになる。

　近年，図表 3 - 3 が示すように，IT システムコストの最適化のため，グループ企業間で，基幹系システムでは会計システム，人事給与システム，またオフィス製品，テレビ電話会議システム，教育用システム（オンライン教育），情報セキュリティーソフト等を共有していることが多い。

　したがって，IT デューデリジェンスでは，会計システムのような標準化と親和性が高いシステムについては，グループ企業が有するシステムの利用，または保有システムをグループ企業に使用させているかを確認することが必要になる。

40

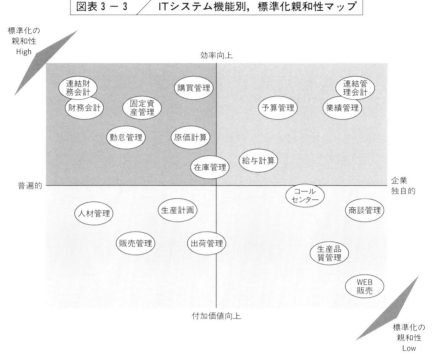

図表 3 - 3　／　ITシステム機能別，標準化親和性マップ

標準化の
親和性
High

効率向上

普遍的

企業
独自的

付加価値向上

標準化の
親和性
Low

連結財
務会計

購買管理

連結管
理会計

財務会計

固定資
産管理

予算管理

業績管理

勤怠管理

原価計算

在庫管理

給与計算

人材管理

生産計画

コール
センター

商談管理

販売管理

出荷管理

生産品
質管理

WEB
販売

（出所：弊社作成）

　そのため，対象事業が使用するアプリケーションとしてどのようなものが存
在しておりそれらは誰が保有者であるか，株主による資本関係が変化した場合,
継続利用できるかなどを明らかにした上で，M&Aにより生じるリスクを明ら
かにしなければならない。

(ii)　ハードウェア

　ITシステムを構成するハードウェアの共通基盤化が進んでいた場合,新たな
ハードウェアの調達，またはデータセンターの契約など膨大なコストの発生を
招いてしまう。そのため，共通化がどこまで進んでいるか，特に，データセン
ター/サーバー類はグループ企業内で共有化していることが多く，ITデューデ

リジェンスでは移設に伴う物理的な区画整備の費用，ハードウェアの移動と設置・テスト作業，またそれら作業実施期間中のビジネスインパクトを調査し，明らかにすることが必要になる。

　なお，ハードウェアという点では，サーバー類の他にも PC，携帯端末，iPad 等についても，グループ企業内で共有化している，または親会社資産を貸与していることが多いため，その依存度と提供について明らかにすることが必要になる。

(iii)　ネットワーク

　対象事業が使用するネットワークが，売主ネットワークに依存している場合，ネットワーク網の再構築による費用が発生してしまうことになる。そして，IT システムはネットワークの上に構築されているためアプリケーションデータの移行などを含む様々な事項に対して影響を与えるため，その金額的なインパクトは非常に大きくなる恐れがある。

　そのため，ネットワークにおいては，大きな意味でのネットワーク回線をどのように構築しているか，対象事業以外のネットワーク環境に依存していないかを調査する。また，拠点単位の依存関係がないとしても，建物内のネットワーク回線が，M&A で対象事業が異なるグループ傘下に移った場合，新たな回線を引き直す必要があるかなどの影響調査を実施する必要がある。

(iv)　IT組織

　対象事業の IT システムに関する企画，構築，運用が，売主の IT 部門，または IT 関連子会社に依存している場合，M&A 後，当該サービスが打ち切られてしまうため，新たな採用，IT ベンダーに対する支払いが発生するなどのコスト的なインパクトをもたらす恐れがある。

　特に，大きなグループ企業に属する事業が M&A の対象となった場合，IT システムの運用保守を当該事業だけで行っているケースは少ない。そのため，当該事業が企画，構築，運用を自力でどこまでできる能力を有しているかを調査

し，その内在するリスクを明らかにする必要がある。

(v) IT関連契約

ITシステムに関わるITベンダーとの契約が，売主，または関連会社に依存している場合，継続サービスを受けることが困難になる，契約条件の見直しによる追加コストなどが発生する恐れがある。そして，近年，多くの会社では，ITシステムに関わるトータル費用削減のため，IT関連契約を本社等に集約していることが多く，具体的にどの契約が依存しており，その契約条件がどのようなものになっているかを調査し，内在するリスクを明らかにする必要がある。

2 ┃ ITデューデリジェンスの活用用途

ITシステムがビジネスに浸透した現在，業務オペレーションを実施する上で，ITシステムの存在は非常に大きくなっている。そのため，ITシステムをどのような姿とするかにより，対象事業の業務オペレーションの姿は大きく左右され，その結果，対象事業の事業価値にも大きな影響を及ぼすことになる。また，ITシステムの構築には多額の投資が必要となるため，M&A実行の意思決定に大きな影響を与えることになる。そのため，以下では，ITデューデリジェンスの結果が，どのようにM&Aプロセスにおいて活用されるかについて解説する。

（1） 事業計画反映と買収価格算定

M&Aにおいて，対象事業の買収価格は，その事業が有する事業価値をベースとして算定されるのが通常である。そのため，ITシステムがもたらす財務的なインパクトをM&A実施後の事業計画に反映することは極めて重要になる。

ITデューデリジェンスでは，ITシステムに関わるすべての事柄をリスクの視点で評価し，そのリスクを費用として換算することが必要になる。リスクの

例としては，老朽化した IT システムに必要となる費用，IT ベンダーとの契約条件による IT システムの利用制限，IT システム部門の要員不足による雇用問題等が挙げられる。そして，IT システムのリスクを回避する手法は様々存在するため，その中でベストと想定する手法を選択し，その対策実施の費用がどの程度の規模になるかを算出しなければならないのである。

事　例▶　金融事業の買収案件①

　ある金融事業の買収に伴い IT デューデリジェンスを実施した際，アプリケーション階層に問題はみられなかったが，ミドルウェア階層で，ミドルウェアのバージョンアップ漏れを発見した。

　この場合，ミドルウェアのバージョンアップを行えばよい，と考えがちだが，ミドルウェアのバージョンアップは，その実施に伴う影響機能の調査，バージョンアップ作業とテスト実施に数億円の費用が必要になることも少なくない。そのため，当該事項は重要リスクとして位置付けるとともに，IT 管理体制強化に向けた費用，および当該ミドルウェアのバージョンアップに伴う費用を計上し，買収価格にその結果を反映することになった。

（2）　ポストM&Aを見据えたアクションプラン

　M&A は，企業収益を拡大するための手段である。そのため，M&A を実施することが重要なのではなく，その後，買収した事業をどのように自社の事業計画に組み込み，強化していくかが重要といえる。また，対象事業が使用するシステムが売手 IT システム資産に依存する場合，事業を継続するためのシステム再構築計画は不可避であり，ある意味，M&A の中で避けることのできない投資ともいえる。加えて，買手側のシステムと対象事業が使用するシステムを統合するなど，ビジネスの強化，運用費用の削減といったシナジー効果を創出することも，M&A における重要な役割といえる。

　そのため，当該投資を実施するために必要な作業はどのようなことで，その

ためにどのようなリソースを投入しなければならないかをデューデリジェンス
を通じて明らかにすることが必要になる。また，当該投資は，多額の費用負担
と，投資後に継続発生するITシステムの運用費用に大きなインパクトを与え
る。そのため，デューデリジェンスの期間においては，できる限り詳細なアク
ションプランを立案した上で，その実現性を検証し，M&A成立後，対象事業の
価値を最大化するためのアクションプランを策定することが必要になる。

事 例 ▶ **製造業のシステム統合案件**

　ある製造事業の買収に伴う案件では，買主と対象事業の2社が同じERPパッ
ケージを使用していたため，その扱いが論点となった。
　買主側としては，ERPパッケージは1つに統合した方が，ITシステムに関わ
る運用保守費用も抑えることができ，業務オペレーションも統一できることを主
張した。しかし，具体的にどのように実現できるかを開示資料だけで判断するこ
とは難しく，買主と対象事業の担当者間で集中セッションを数回実施し，その結
果を基に5年間の費用シミュレーションを実施した。結果，トータルのキャッ
シュアウトとしては大きな差はなかったが，ビジネスメリット，ITシステム統合
作業のリスクを総合的に勘案した結果，統合案を採用することになった。
　この際，スケジュールについて，詳細な計画を立てるとともに，人的リソース
の手当ても含め，実現性の検証を行っていたため，契約締結後，速やかに準備作
業を進めることができ，限られた時間を有効活用することができた。

（3） TSA（トランザクション・サービス・アグリーメント）

　デューデリジェンスの実施結果として重要なのが，「トランザクション・サー
ビス・アグリーメント」と呼ばれる，売主が提供すべきサービスに関する合意
文書である。
　M&Aの実行により株主が変更し，売手に依存するITシステムを再構築す
る必要が生じた際，ITシステムの再構築は，その完了に多くの期間が必要にな

るため，その準備が間に合うことは稀である。例えば，会計システムが売主の
システムに依存していた場合，切り替え作業の負担を緩和するため，会計シス
テムの切り替えを期末に実施するとすれば，準備期間も含めれば 1 ～ 2 年の期
間が必要になる。業務オペレーションの多くが IT システムに大きく依存して
いる現在，IT システムの再構築が完了するまで，エクセル等で作業を乗り切る
ということは極めて非現実的である。そのため，TSA で，売主側の IT システ
ム，運用保守サービスの継続利用を図るため，対象になる IT システム，運用保
守サービスの内容を具体的な文書にまとめ，売手・買手間で合意することが必
要になる。その際，どのような IT システムを TSA の対象とし，どの程度の期
間が必要になるかといった要件を IT デューデリジェンスの結果をもとにまと
める必要がある。

事 例 ▶ 金融事業の買収案件②

　ある金融事業の買収案件において，対象事業が使用する多くのバックオフィス
関連システムが売手のグローバル共通資産であったため，その再構築が必要と
なった。そのため，買手側として条件を整理した上で，売手に対し条件の提示を
求めた。この際，売手が提示したTSA期間の条件が厳しく，わずか 4 か月という
もので，数千億円の売上規模を有する事業の買収にあたっては常識的には受け入
れられない条件であった。そのため，期間の延伸をめぐる攻防が繰り広げられ
た。その際，重要になったのが，双方の主張する期間の論拠であった。売手にお
いては，他事業買収における事例と論拠が薄弱であった。そのため，ITデューデ
リジェンスを通じて得た情報を基に，ITシステムの具体的な再構築手法，日本市
場におけるエンジニアの状況などを詳細に説明した。当初は買手の主張に対し懐
疑的であったが，状況を正しく伝えることで，1 年間のTSA期間を勝ち取ること
に成功したのである。

　M&A において，売主としては早く対象事業を切り離し，関連作業を完了した
いため，TSA 期間を短くすることを主張する傾向にある。一方，買主として

は，IT システム再構築のリスクを最小化するため，十分準備を行った上で，切り替え作業を行いたいと考えるため，双方の主張に溝ができやすい。そのため，デューデリジェンスにおいては，IT システム再構築のリスクを最小化しながらも，買主が妥協できる期間とはどのようなものか，そのためのファクトとしては何が必要か，といった次の作業を見据えた検討を進めることが必要になる。

3 ┃ ITデューデリジェンス実施の流れ

IT デューデリジェンスは，財務デューデリジェンス等と同様にキックオフから最終報告に至るプロセスを，同じスケジュール感で進むことになるが，IT デューデリジェンス特有のプロセスも存在するため，以下にその概要を解説する。

(1) M&Aにおけるライフサイクル

まず，M&A プロセスにおける，基本合意(一次入札)フェーズにおいて，企業概要が開示される。その中には対象事業の概要などの非公示情報が含まれており，この情報を基にプレ・バリュエーションと一次入札価格の算定を実施する。その際，その案件における課題検討がなされ，IT システムの売主に対する

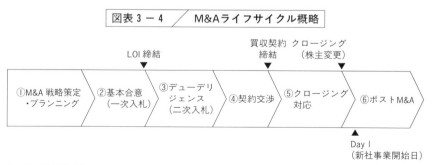

図表3－4／M&Aライフサイクル概略

(出所：弊社作成)

依存度の識別等から，IT デューデリジェンスが必要な状態かどうかが判断される。その後，一次入札を通過した後，財務等を含むデューデリジェンスチームが組成され，デューデリジェンスフェーズが開始される。

　デューデリジェンスフェーズでは，IT システムに関わるリスクの識別と，リスクに対処した後の IT システムの姿とそれに伴う費用の算出を行う。この費用はバリュエーションのインプットとして使用され，これにより二次入札価格の算定を実施する。

　その後，二次入札を通過し，最終交渉権を獲得することになる。最終交渉権の獲得後（正しくは前後から交渉が始まることが多い）は，SPA（株式譲渡契約書）の条件交渉に進むことになる。このフェーズにおける IT デューデリジェンスの大きな論点としては，SPA に盛り込む譲渡対象になる IT 資産の特定と，TSA により，売主に対して提示する IT 資産の継続利用条件，および M&A に関わる協力条項の精査が必要になる。

　これらは IT デューデリジェンスの調査結果を基に組み立てられるため，IT デューデリジェンスに参加したメンバーが継続してアドバイザリー業務に当たることになる。SPA の条件合意後，サイニング処理が実行され，M&A が成立する。

　そして，クロージング対応，ポスト M&A というフェーズにおいて対象事業の株主変更を実施する準備作業を洗い出し，実際に各種作業を開始する。これら作業の大枠も，IT デューデリジェンスで作成したスケジュールに基づくことになる。この頃から，IT ベンダーに対する情報開示が可能になるため，IT ベンダーとの条件調整を経て，詳細化され，クロージング（株式譲渡手続きが実行され，対象事業が新たな事業主の下，開始されるタイミング）に向け，進んでいくことになる。

（2）　ITデューデリジェンスの各ステップの概要

　IT デューデリジェンスは，キックオフを経て，大きく調査・分析の実施，その後の中間報告，追加調査，最終報告の順に実施する。以下，各作業内容を解

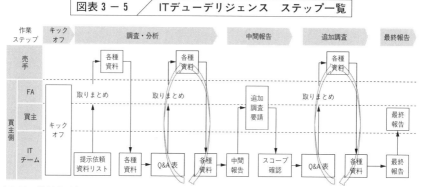

図表3−5／ITデューデリジェンス　ステップ一覧

（出所：弊社作成）

説する。

①　キックオフ

　キックオフでは，買主とアドバイザーの間で，M&A案件の概要確認と，想定論点についての認識合わせを行う。ITシステムでいえば，この時点の開示情報および公表情報から推察するITシステムのリスク概要（仮説）を構築し，想定論点の認識合わせを実施する。

　このタイミングでは，買主がM&Aの実施においてITシステムにどのようなイメージ，期待を有しているかを聞き出し，案件全体を通して，買主期待値をどのようにコントロールするかが重要になる。そのため，キックオフの前に，公知情報，非公知情報を基に，デューデリジェンス調査結果に関する仮説を構築しておく必要がある。その上で，デューデリジェンスがどの程度の精度となるか，および方針検討のポイントを提示し，デューデリジェンス全体のスケジュールを調整することが必要になる。

　特に，買主の関心事項については，キックオフの場で必ず確認しなければならない。例えば，金融業界は，FISC対応の可否など，情報セキュリティーに関心が高いなど，買主の顕在的または潜在的な期待値を確認した上で，調査・分

析作業に臨むことが必要になる。

事例▶ 製造業の買収案件①

　製造業の買収で，買主がファンドである案件があった。キックオフが開催され，FA，アドバイザーが集まる中，手続き上の説明と，主要論点の確認が実施された。アドバイザーの意見交換が行われITに話題が及んだ。その瞬間，買主のマネージャーから「いくらかかりますかね？」の一言が出た。この案件は，グループ企業の1事業を買収する案件であったが，対象会社が数十社であり，ITセパレーションコストが大きくなることが予想され，クライアントにおいては当初よりディール実行に向け大きな関心であったのだ。十分な準備をしておらず，即興で概算値を伝え，期待値を上げずに済んだが，冷や汗の出た瞬間であった。

　デューデリジェンスは非常に短い期間で調査結果に対する結論を求められるため，調査開始とともにITシステムに関するリスクの仮説を立案し，買主と共有したうえで，この仮説を検証する形で，買主の関心事・期待値を確認・調整しつつ調査を進めることが必要である。

② 調査・分析

(i) ITデューデリジェンス戦略検討

　デューデリジェンスにおいて，その成功を左右する最も重要になるフェーズである。売手の開示情報をもとに，対象になるエンティティーの数，基本合意の中でわかっている情報をもとに，M&A実施後のITシステムの姿について初期仮説を構築し，調査戦略を組み立てる。

　調査戦略を構築する上で重要になるのが，売主の意図をつかむことである。売主は何のために対象事業を売却しようとしているのか，対象事業のビジネス環境，そして，競争入札であるとするならば買主はどのような顔ぶれになるか，また，我々の買主はM&Aで何を手に入れようとしているのか。これらを断片

的な情報から整理することが必要になる。その上で，調査の難易度，想定論点を設定した際，与えられた期間の中で，どのようなやり取りが行われ，どのような情報を得ることができるかシミュレーションを実施する。

　特に，競争入札では，Q&Aの数が制限されることも多い。そのため，このプロセスは，デューデリジェンスの成否を決めるといっても過言ではない。どのような質問を，どのタイミングで投じ，そのレスポンスはどのようなことが想定されるかについてチーム内でシミュレーションを実施する。

　この戦略は，ITデューデリジェンスチーム内に閉じた方針とせず，財務チーム，法務チームなど，連携作業が必要なチームとの間で方向性を握っておくことが必要になる。

事 例　製造業の買収案件②

　対象事業が世界各国に点在する大型の買収案件があった。すべての事業所に調査を依頼していては期間内に作業を終わらせることができない。そのため，開示情報，公知情報，および業界慣行から，3極でのITシステム管理を実施しているとの仮説を構築し，その仮説の裏付けを図る形で，調査計画を立案し，短い期間の中で，必要な情報収集と必要とされる費用算出を実施した。

(ii)　IRL（インフォメーション・リクエスト・リスト）の提示

　デューデリジェンスにおいては，キックオフに前後する形で，IRLという開示を依頼する事項（資料）を記載したリストを作成し，対象会社に提出する。

　IRLを直接口頭で説明する機会は与えられないのが通常であり，リスト上の記載で正確にこちらの意図を伝えることができる書類を準備する必要がある。その点，リストには開示を求める意図・目的を明示し，受け取った相手が我々が必要としている情報・資料をイメージしやすくするなどのテクニックが必要になる。

図表 3 － 6　／　IRLサンプル

1	IT	システム構成	現在使用しているシステムの全体像を把握・分析するため，システム構成図等の資料をご提供願います。 要望内容 　システム名：用途，システム間のインターフェイス(本数)，システムの保有者（契約主体），開発方法（パッケージ・スクラッチ・ASP 等）
2	IT	ソフトウェア/ ハードウェア情報	現在使用しているソフトウェアの老朽化等の問題を把握するため，システム一覧等の資料をご提供願います。 要望内容 　ソフトウェア(アプリケーション，ミドルウェア)：ソフトウェア名称，ベンダー名，ベンダー契約期間，保有ライセンス数，使用ユーザ数 　ハードウェア(各種サーバー，個人用 PC，携帯電話等)：保有台数（自社保有，リース活用），サポート期限
3	IT	ネットワーク構成	対象事業における各拠点とのネットワーク状況を把握・分析するため，ネットワーク構成図等をご提供願います。 要望内容 　ネットワーク回線明細：接続先，データセンター等のハードウェア保管場所，およびネットワーク通信会社とスペック（回線の太さ等）
4	IT	情報システム組織	現在使用しているシステムを保守・運用している IT 関連組織を把握・分析するため，IT 関連組織図，要員スキル一覧，ベンダー担当業務一覧等の資料をご提供願います。 要望内容 　IT 関連部門人数，担当ごとの役割，担当ごとの所属（自社，グループ会社，外部ベンダー）
5	IT	IT 関連契約	現在使用しているシステムのベンダー各社との契約状況を把握・分析するため，各ベンダーとの契約書類をご提供願います。 要望内容 　契約対象サービス，契約条件，金額，支払条件，等
6	IT	IT 投資要望内容 （過去/将来）	現在使用しているシステムに関連する IT 投資内容を把握・分析するため，IT 投資計画一覧等の資料(過去 3 年分および将来 3 年分)をご提供願います。 要望内容 　投資内容・投資理由・投資予定期間・金額，投資実績期間・金額（実績は過去分のみ）
7	IT	IT 資産関連費用 （過去）	保有する IT 資産（有形，無形）の償却額を把握・分析するため，償却額/月が記載された資料をご提供願います。 要望内容 　残存簿価明細,償却期間(償却開始年月，終了年月),減価償却額/月
8	IT	IT 関連運用保守費用 （過去/将来）	IT 関連費用全体の年間コストを把握・分析するため，過去運用コストの要望内容が記載された資料 3 年分をご提供願います。 要望内容 　ベンダー支払費用：運用保守等の業務委託費・システムライセンス・通信・サーバー等のリース費用等 　人件費：正社員・出向者・派遣等の年間費用
9	IT	システム課題	現在使用しているシステムが抱えるリスクを把握・分析するため，現在システムが抱える課題の要望内容が記載された資料をご提供願います。 要望内容 　課題：老朽化・陳腐化，脆弱性，効率化の必要性，コスト削減の必要性等 　対応策：対応方針，実施時期，想定費用

（出所：弊社作成）

IRL 提示において難しい点は，記述のさじ加減である。あまり大きな要望を出してしまうと，資料の開示までに時間がかかり，Q&A サイクルを回せなくなる一方で，ピンポイントになりすぎると開示資料が限られ，必要な分析作業ができなくなってしまう。また，立案した戦略に基づき，何が開示されそうな情報であり，何が難しそうな資料であるかの見極めが重要になる。その上で，意図的に情報開示を求めるのがよいか，あえて情報開示は求めず Q&A サイクルでつぶしにいくのかを練った上で作成することが必要になる。

(ⅲ) Q&Aサイクル

IRL を提出した後，数日すると依頼した資料が段階的に開示される。開示資料には IT システム以外のチームから開示要求された資料も含まれる。その中で，IT，システムというキーワードを基に，法務やビジネスが依頼した資料についても，関連する情報が含まれていないかを網羅的に確認する必要がある。また，開示資料は，M&A を目的に作られたものではなく，社内資料そのものであるから，情報が断片的で 1 つの資料を見ただけでは十分理解ができないことも多いため，複数の資料を読み比べることが必要になる。

Q&A サイクルでは，これら開示情報に対し追加質問を重ねていく形でプロセスを実施する。その中で実施するべきことは，仮説の検証と再構築である。デューデリジェンス冒頭で立案した仮説に対し，開示資料を要求するのであるが，開示資料にほしい情報がすべて記載されているとは限らない。そのため，資料に記載された行間ともいえる内容を読み取り，その正否を Q&A サイクルを通して確認し，様々な開示資料を基に肉付けしていくことが重要になる。

例えば，IT 投資として大型案件の記載があったとしても，その必要性や背景が書かれていることは少ない。そこで，経営会議資料を確認すると，IT 投資の必要性について，複数回の議論が書かれていたりする。このような断片的な情報を収集し，開示資料の裏付けを図ることが重要になるのである。

実務上の注意点としては，Q&A リストの記載方法がある。Q&A サイクルで

図表 3 － 7 ／ Q&Aリスト　サンプル

No.	記載日	重要度	カテゴリー	質問内容	ステータス	回答
1	20XX/4/1	高	IT	受領資料「Applications1」,「Applications2」,「Applications3」,「2017年資産リスト」より関連システムの存在を把握しましたが, システム再構築範囲を特定するため, 本案件における譲渡対象となるシステムをご教示ください。	未完了	
2	20XX/4/1	中	IT	対象事業の買収後におけるシステム運用保守費用を試算するため, 譲渡対象システムの年間の運用費用をご教示ください。	未完了	
3	20XX/4/1	中	IT	開示資料「A システム」内に, A システムと ERP の連携方法について "マニュアル連携" と記載がありますが, 当該連携方法・頻度・工数の詳細を具体的にご教示ください。	未完了	
4	20XX/4/1	高	IT	また, ERP の使用機能範囲（販売管理, 購買管理, 生産管理, 管理会計等）をご教示ください。	未完了	
5	20XX/4/1	高	IT	開示資料「Network 構成図」により工場内のネットワーク構成概要を把握しましたが, 当該工場内ネットワークにおいて, スタンドアローン化に伴う再構築対象（ルーター, 回線等）をご教示ください。	未完了	
6	20XX/4/1	中	IT	スタンドアローン化に伴う IT 関連人件費把握のため, 譲渡対象システムの IT 関連人員数, IT スキルをご教示ください。	未完了	
7	20XX/4/1	中	IT	スタンドアローン化に伴う IT 関連費用の上昇を把握するため, 貴社保有（譲渡対象）システムの下記契約内容についてご教示ください。 ● ライセンス単価 ● 現在の契約ライセンス数 ● 契約期間および保守期限	未完了	

（出所：弊社作成）

は, IRL 同様, 都度 Q&A リストに対する説明を実施するわけではないため, 対象会社の担当者またはアドバイザーに正しく意図が伝わるよう記載を工夫しなければならない。

　そして, Q&A サイクルにおける「先読み」も重要になる。IRL で開示依頼した資料が必ず開示されるとは限らない。多くの場合, 資料作成, 取り寄せに時間がかかるという理由で開示が進まないことが多い。また, 場合によっては契

約交渉に不利になるため積極的に情報を開示しない，ということもある。その場合，Q&Aの記載内容を工夫し，ストレートに聞くわけではなく，間接的な情報を取りにいき，その行間から全体を推し量るといったテクニックが必要になる。

　これら作業の質が，ITデューデリジェンスの成否を分けるといっても過言ではない。そのため，ITデューデリジェンスには，できるだけ豊富な経験を持つ専門家を起用しなければならない。

(ⅳ)　各種プレゼンテーション等

　M&Aの実施中，様々な情報開示に関係するイベントが実施される。その代表は，マネージメントプレゼンテーション（通称：マネプレ）である。

　このプレゼンテーションでは，対象事業の経営陣が，自社の事業概要，経営戦略，目標数値を買主に説明する場になる。マネプレ中は，その大半が，売上構成，事業環境等の説明に充てられるが，ITシステムの案件の主要論点となっている場合，話がその話題に及ぶこともある。また，対象事業の経営環境等の様々な情報は，調査・分析をする上で示唆を与えることも多いため，メンバーから1人は参加し，情報収集を図ることが必要になる。

　その他にも，デューデリジェンスフェーズでは，様々なイベントが開かれるが，ITシステムに関連する話題がどこで登場するかがわからないため，各イベントを傍聴し，ITシステムを調査・分析する上で必要な情報が含まれていないかを漏れなく確認することが必要になる。

(ⅴ)　ターゲット・インタビュー

　Q&Aサイクルにおいて，文章だけですべての情報をやり取りすることは時間が非常にかかる。その点，FAにおいても考慮されるため，インタビューの設定が認められることが多い。仮に，デューデリジェンス開始当初は，インタビューの実施が認められていなかったとしても，デューデリジェンス期間内に情報開示が不十分であることを理由に開催を求めると設定ができることが多い。

しかし，インタビューの頻度は，多くて2回，通常は1回であり，時間も1時間と限られ，そのなかで必要な情報を収集することになる。

　インタビューに向けては，開示資料，Q&Aリストを見直し，最小限の質問でどのような回答を引き出せるか，その結果，投資判断に十分な情報が取れるかのシミュレーションを実施する。インタビューで，買手として不可欠な情報，特に金額算出に必要となる情報を確実に収集しなければならないためである。この作業は数回行い，質問に過不足がないか十分に検証することが必要になる。その後，インタビュー向けに提出するQ&Aを作成するが，対象事業の担当者が，その場で即答できる質問には限りがあるため，Q&Aをより具体的に，かつ冗長にならないよう記載し，提出する。多くの場合，インタビュー当日の2日程度前の提出になるため，インタビュー用Q&A提出前は，深夜に及ぶ辛い作業になる。

　インタビューは，対面で行うケースと，電話会議で行うケースが存在する。競争入札の案件では，電話会議形式になることが大半である。その場合，電話越しに，限られた時間で，こちらの意図を正確に伝え，回答を引き出すテクニックが必要になる。そのため，アドバイザーも数名体制で臨み，開示資料とQ&A表を読み比べながら質問を繰り出し，インタビュー中は時間配分をみながら相手からの回答を引き出すとともに，"何を捨て"，"何を取りにいくか"をその場で考えながら進めることが必要になる。

　インタビュー後は，報告書に必要な情報が得られたかをチーム内で再確認しながら，Q&Aの潰し込み作業を実施する。その際，資料開示を行う旨の回答についてはわかりやすく記載しておくことを推奨する。相手はインタビューを複数社掛け持ちで実施しており，対応漏れを防止する必要があるためである。

③　中間報告

　IRL，Q&Aサイクル等を通じ，デューデリジェンス開始後，2〜3週間程度

で中間報告会を実施する。中間報告会といっても，買主の最大の関心事項は，本案件のリスクと，ITシステムの費用がどのように変化するかである。そのため，情報の開示状況にかかわらず，キックオフで提示したすべての情報を基に，何かしらの報告と数値を提示する必要がある。この点，同業他社のベンチマーク等を基に，報告資料を組み上げることも多々ある。

　そして，中間報告会では，報告会中の質問事項からクライアントの関心事項を整理し，最終報告に向け深掘りが必要になる点を明らかにする。このタイミングでは，他のアドバイザーも報告を実施するため，当該報告書を読み比べ，何が最終的に課題になるかを整理することが必要になる。また，情報開示の状況がすぐれない場合，インタビューの追加開催，Q&Aに対する対応催促など，買主側でどのようなアクションが必要かも説明し，議論することが必要になる。

　なお，中間報告会以降，費用算出結果を基に，バリュエーション（企業価値評価）を開始するのが通常である。そのため，報告会実施中よりも，報告会完了後に，他のアドバイザーからの質問への対応が必要となる点にも留意が必要である。

事　例　▶ 製造業の買収案件③

　買主がファンドである買収案件があり，中間報告でかなり詳細な数値を提示しなければならなかった。そのため，中間報告会で費用を提示したが，質疑は当然，細かな費用の議論に集中した。具体的には，IT投資費用が高く，ディールがブレイクするというものであった。我々が想定していた以上に，バリュエーションが出ないため，ITシステム投資が重荷となってしまっていたのである。そのため，当該インプットを基に，他社事例を含めたベンチマーク分析を実施，リスクと費用の面での複数シナリオの構築と，費用シミュレーションを実施し，結果を最終報告するようプロセスを修正して対応することになった。

　上記事例のように，デューデリジェンスにおける中間報告では，"金額感"の報告は必須であり，この結果を基に，後続作業が組み立てられる。そのため，

どんなに開示資料が少なくても，ITシステム再構築に関わる費用は出し切らなければならないことに留意が必要である。

④　最終報告

中間報告会の後，Q&Aサイクル，インタビューを通じて深掘りした内容を基に最終報告会を実施する。最終報告会では，中間報告会からのアップデートを中心に報告を実施する。その中で，特に費用に関する情報と，今後のM&Aを進める際のリスクと対応策について議論が交わされる。その後，指摘事項を反映したレポートを最終レポートとして提出することになる。また，中間報告会と同様に，他のアドバイザーからの質問への対応が必要となり，そのやり取りが数日間続くのが一般的である。

Check!　"Draft" 資料

デューデリジェンス特有の作法として，最終報告会も，資料には "Draft" をつけて提出するという風習がある。通常のコンサルティングでは違和感を覚える対応である。デューデリジェンスでは，最終報告会といえども追加調査事項，関心事項の質疑が行われる。そのため，その結果を最終反映して提出するタイミングまでは "Draft" の文字を大々的に付与し，変更可能性を明示するのである。

---

⑤　バリューアップ・M&Aシナジーの創出時のステップ

前述の流れでITデューデリジェンス自体は進んでいくのであるが，ITシステムの改善を図り事業価値を向上するような場合，また，買手保有のITシステムとの統合を意図するような場合においては，ビジネス的な観点での調査が必要になる。そのため，以下において，それらのパターンにおける特殊性について解説する。

(i)　ITシステムの改善

業務オペレーションがITシステムに大きく依存する現在，ITシステムの機

58

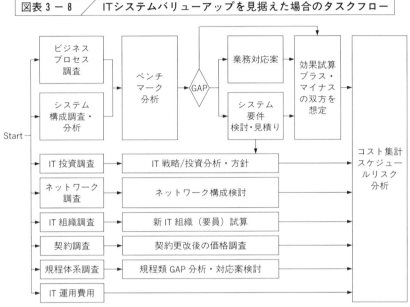

| 図表 3 － 8 | ITシステムバリューアップを見据えた場合のタスクフロー |

（出所：弊社作成）

能が不足する，またはその操作と付随業務が煩雑であるため業務の生産性を低
下させてしまうことがある。そのため，M&A実施後，ITシステムの最適化を
図ることで，業務オペレーションの生産性向上の可否やその効果について，IT
デューデリジェンスを通じた分析を求められることがある。ただし，この分析
の実施に際しては，ITシステムの機能だけを調査しても課題を見つけることは
できないため，同業他社とのベンチマークを実施し，非効率な業務を把握し，
ITシステム機能から非効率を招いている仮説を構築し，Q&A等を通じて裏を
とることが必要になる。その上で，当該ITシステム機能を改修した場合におけ
る費用と期待効果を比較することが必要になる。

(ii)　ITシステム統合シナジー

　ITシステムの統合検証を行うには，対象事業が使用するITシステムの理解

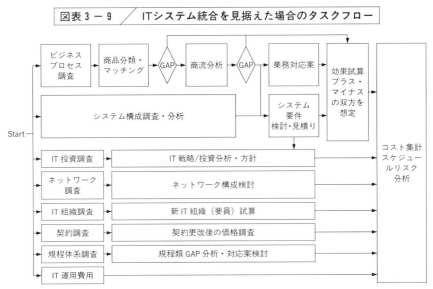

図表 3 − 9　／　ITシステム統合を見据えた場合のタスクフロー

（出所：弊社作成）

に加えて，買主の IT システムについても知る必要がある。また，この検証を行うためには，IT システムだけを検証することだけでは事足りない。というのも，IT システムの機能範囲が二者の間で同じであればよいが，IT システム化されている範囲が双方で異なる場合があるためである。そのため，IT システム機能の確認に加え，業務プロセスがどのようになっているかについても確認・分析が必要になる。

　また，分析内容も，目的が費用シナジーの創出であるため，IT システムの機能検証を行い，ビジネス観点で，二者のいずれの業務プロセスを採用するかを調査・分析することが必要になる。その上で，対象事業の競争優位性を失わない形で IT システムを再構築した場合，買主の IT システムの機能拡張として何が必要か，対象事業の IT システムの何を改修すべきかを明らかにし，費用削減による効果と，IT システム統合に向けた費用との比較から，実行タイミングを含むシナジー創出計画を立案することになる点が，当該ケースにおける特殊性といえる。

（3） ITデューデリジェンスの成果物

　IT デューデリジェンスの目的，用途といった内容について解説してきたが，ここで IT デューデリジェンスを通じて作成する成果物について解説する。

図表 3 －10 ／ ITデューデリジェンス報告内容　サンプル

目次
- A） 調査結果概要
  - Ⅰ．概要
    - 1．調査の概要
    - 2．現状調査結果の概要
    - 3．Day 1，Day 2 検討結果の概要
- B） 詳細編
  - Ⅰ．IT システムに関する As-Is 調査
    - 1．IT 戦略
    - 2．IT 投資
    - 3．システム構成
    - 4．ネットワーク構成
    - 5．IT 関連組織
    - 6．IT 関連契約
    - 7．IT 運用コスト
  - Ⅱ．Day 1 時の全体像
    - 1．システム構成
    - 2．ネットワーク構成
    - 3．IT 関連組織
  - Ⅲ．Day 2 時の全体像
    - 1．システム構築方針（案）
    - 2．システム構成
    - 3．ネットワーク構成
    - 4．IT 関連組織
    - 5．TSA 要件
  - Ⅳ．スタンドアローン化に向けた計画
    - 1．移行スケジュール
    - 2．移行スケジュール前提条件
    - 3．IT 関連コスト
- C） Appendices
  - Ⅰ．略語

（出所：弊社作成）

　ITデューデリジェンスでは，様々な資料（キックオフ資料，IRL，Q&Aリスト，等）を使用して調査を進めることになるが，最終的な成果物としては，図表3−10のような項目を，報告書（50〜100枚程度）としてまとめることになる。

　この中で最も重要なのは，M&Aに伴いどの程度の費用が初期費用として発生するか，また運用費用として継続的に発生するかの算出表になる。

　これらは，M&Aを実施した後，財務インパクトとして，IT運用費用がどのように変化するか，またITシステムの再構築に伴い，どの程度の資金が必要になるか，そしてその手当てをいつ行うかを示すためである。そして，その結果は，対象事業の事業価値に反映することになるのである。

　以下において，各記載項目の概要について解説をする（具体的な調査の進め方等は，第4章にて解説）。

①　デューデリジェンス・サマリー（調査結果概要）

　デューデリジェンス報告書の冒頭においては，調査結果のサマリーを記載することを推奨する。M&Aの報告会には様々な部門の代表者が出席し，ITシステムに詳しくないメンバーがその大半を占めることも珍しくない。そのような状況下で，詳細情報を頭から説明しても，聞き手の多くは，専門用語に翻弄され，何も理解できないといった結果になってしまう。そのため，報告書資料の冒頭で，調査の概要と，結論となる想定リスク，その対応策，必要となる費用，といった聞き手の関心事項を伝えてしまうのである。そして，そのあとで結論に至るプロセスを説明するほうが，出席者全員に正しく意図を伝えることができる。そのため，報告書の冒頭において，調査結果の要約を記載し，聞き手に伝えたい内容を先に伝えてしまうのである。

②　ITシステムに関する現状調査

　M&Aによる対象事業のITシステムを今後どのようにすべきかの前に，対象事業が使用するITシステムに関して共通の認識を持つことが必要になる。

62

そのため，対象事業が使用している IT システムと，その運用を支えている項目
を整理する。弊社の経験上，案件により若干の違いはあるが，IT 投資，システ
ム構成，ネットワーク構成，IT 関連組織，IT 関連契約，IT 運用費用の 6 項目
について調査を行うことにより，その網羅性は担保できると考える。以下にて，
各項目における報告内容の概要について解説する。

(ⅰ) IT投資

本項目では，対象事業が有している IT システムに対し，適切な IT 投資を実
施できたか，それら投資を適切に管理できたかを測るため，過去実施した投資
の精査を行うことになる。また，将来における老朽化対応，IT システムの刷新
の可能性を把握するため，将来実施予定の投資の精査も行わなければならない。
過去実施した投資については最低 3 年間，できれば 5 年間における投資内容，

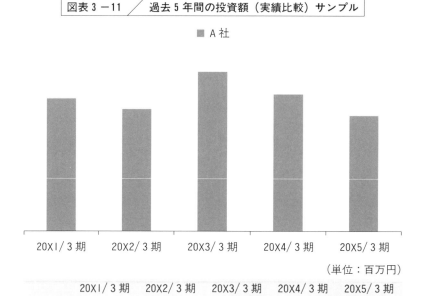

図表 3 −11 ／ 過去 5 年間の投資額（実績比較）サンプル

■ A 社

（単位：百万円）

	20XⅠ/ 3 期	20X2/ 3 期	20X3/ 3 期	20X4/ 3 期	20X5/ 3 期
A 社	49.6	45.6	59.3	51.2	43.3

（出所：弊社作成）

図表3－12　／　IT投資分析

No.	投資時期	投資項目	金額（百万円）
1	20X1/04	仮想環境構築（BCP対策）	22.0
2	20X1/05	営業支援システム導入	13.6
3	20X1/06	ミドルウェア老朽化更新	17.3
4	20X1/07	PC購買	0.5
5	20X1/08	ネットワーク回線増設	31.5
6	20X1/09	ワークフロー導入	3.2
7	20X1/10	法対応	4.3
8	20X1/11	生産システム刷新	55.5
9	20X1/12	POS導入	2.9
10	20X2/01	得意先EDI増設	1.2
11	20X2/02	給与計算システム仕様変更	4.8
12	20X2/03	経費精算システム改修	3.3

（出所：弊社作成）

理由，期間，金額を把握する必要がある。その上で，投資額はどの程度で推移しており，今後もその投資額は継続するか，過去実施した投資内容は適切な内容，金額規模であったかを確認する。

　一方，将来実施予定の投資については最低将来3年間，できれば5年間にわたり，同様に投資内容，理由，期間，金額を押さえる必要がある。その上で，当該投資を行う必然性について確認する。

　IT投資については，投資内容はもちろんのこと，実施時期や金額といった情報を押さえた上で，この投資がビジネスを伸ばす目的でなされたのか，または運用保守のためやむを得ずなされたのかを分析し，対象事業のIT戦略立案能力について推し量ることが必要になる。また，それらIT投資について，同業他社との比較を実施し，企業規模に照らし，投資規模が適正であるかを確認することも必要になる。

64

(ii) **システム構成**

　本項目では，IT システムを構成するアプリケーションの機能の網羅性，老朽化の有無，売主の IT システムに対する依存性を確認するため，アプリケーションの棚卸を実施する。

　具体的には，販売，購買，生産，在庫，研究開発，会計，人事というバリューチェーン上の機能に対しどのようなアプリケーションがカバーしており，どのようなシステム構成となっているかを確認する。バリューチェーンは，対象事業の特性に応じて異なるため，それぞれの業界に応じたバリューチェーンを用いて，これらを支えるために必要であると一般的に考える IT システム機能をベースに分析を実施することになる。

図表 3 −13　　業種ごとのバリューチェーン

製造業	研究開発	調達	製造	物流	販売
小売業	業態開発	店舗開発	MD（商品）	物流	販売
保険業	契約査定	保険料設定	再保険	保険金支払	顧客管理
リース	資金調達	企画	審査・営業	購買	運用・回収

（出所：弊社作成）

　分析においては，バリューチェーンに対し，IT システムがどの範囲をカバーするかを配置することで，漏れている機能がないかを確認する（図表 3 −13）。また，統合案件においては，買主側が保有する IT システムと，対象事業が保有する IT システムのいずれを使用するかを決める必要があるため，図表 3 −15 のように双方のシステムをバリューチェーン上に配置して，IT システムのカバー範囲，機能を比較した上で，いずれの IT システムを用いるべきかを検討することになる。

図表3−14　／　アプリケーションの構成図（カーブアウト案件）

凡例　■：取引対象範囲会社の多くで再構築が必要、■：取引対象範囲会社の一部で再構築が必要、　：相手先からの譲渡（有償の可能性有）が必要、□：その他（必要に応じライセンス契約が必要）

R&D	販売・サービス・物流	生産	調達	会計・人事	インフラ

取引対象会社

R&D	販売		生産		調達	会計	インフラ		
			計画	製造					
構成管理	海外販売	(国内)販売	需給管理・出荷	工程管理	転売品/工事発注	財務会計	健康診断	メール	ファイヤーウォール管理
出図管理	受注/生産指示	パーツ	所要量計算	工程検査	生産材	連結決算	教育	健康管理システム	著作権管理
成果物管理	保守契約	輸出管理	部品供給	基礎製造	用度品	原価計算システム	環境グリーン	掲示板	コンピューターウイルス対策
部品マスタ	サービス	営業			EDI	人事給与	ファイルサーバ	モバイル接続	社外ホームページ
CADデータ管理	保守サービス	CRM			輸出入管理	勤怠管理	アプリサーバ	スマートデバイスサービス	ユーザーID認証
検査管理	コールセンタ	見積					インターネット接続	グローバルネットワーク	国内グループネットワーク
特許	パーツ需要予測								

（出所：弊社作成）

図表3−15　／　アプリケーションの構成図（統合案件）

事業	主活動									支援活動			
	需要予測	引合～見積り	在庫確認	受注	購買	納品/入荷/出荷	工事管理	顧客請求	支払	入金	会計(財務)	会計(管理)	人事	総務

ターゲット

| A事業 | (なし) | (なし) | (なし) | ERPシステム | ERPシステム | ERPシステム | システム外で管理 | ERPシステム | ERPシステム | ERPシステム | ERPシステム | ERPシステム | 給与計算勤怠管理システム | なし |
| B事業 | ERPシステム | | ERPシステム | | | | | | EDIシステム | EDIシステム | 減価償却システム | 経費精算システム | | |

自社

C事業	(なし)	(なし)	(なし)	ERPシステム	ERPシステム	ERPシステム	工事管理システム / Web工程表管理システム	工事管理システム / Web-EDIシステム / ERPシステム	ERPシステム	ERPシステム	ERPシステム	ERPシステム	人事給与システム / Web勤怠管理システム	安否確認
D事業	在庫ポジション管理システム		在庫ポジション管理システム				システム外で管理	ERPシステム			経費精算システム		Web給与明細閲覧システム	
E事業	(なし)	Salesforce.com	(なし)				工事管理システム	工事管理 Web-EDI ERPシステム					e-Learningシステム	

（出所：弊社作成）

　なお，バリューチェーンを使用した分析からは把握できないインフラ関連の
システムとしては，以下の存在が想定されるため，同様に，システムの使用有

無を含め，調査を行うことが必要になる。

- メール（サーバー，クライアント），スケジュール，会議室予約（Out-look，Notes，ガルーン）
- テレビ/音声会議システム（例：WebEX，Lync）
- ファイル管理/共有フォルダ（例：SharePoint，ガルーン）
- 社内/社外掲示版（例：SharePoint，ガルーン）
- 社外/社内ホームページ（例：SharePoint，ガルーン）
- 外部用大容量ファイル共有ツール
- ラーニングシステム
- 情報セキュリティーソフト（例：シマンテック）
- 資産管理（例：JP1）
- オフィスシリーズ（Word，Excel，Access，PowerPoint，MSProject）

　アプリケーション構成の調査においては，老朽化対応の要否を調査するため，ミドルウェア/ハードウェア構成についても調査が必要になる。アプリケーションごとにどのような構成をとっているかを図表3−16のように整理した上で，ITベンダー製品が保守期限切れを起こしていないかを1つずつ調査することになる。

　ハードウェアに関して，以下は，売手依存性が問題になることが多く，詳細スペックはもちろん，ビジネス上の重要性などを把握しておくことが必要になる。

- 携帯電話端末（iPad端末，含）
- 個人向けPC端末
- ネットワーク接続機器（WiFi）

図表 3 － 16 ／ ミドルウェア/ハードウェア構成図

会社	主要システム	業務領域	開発手法	システム機能	ハードウェア名	スペック	ミドルウェア	備考
A	生産管理システム	生産	CUSTOM	Online server	I 社 XX モデル73J (Virtual env：5 OS) OS：Windows server 20XX	XXX	Microsoft XX Spread for ASP.Net	
				PDA control	同上	XXX	Microsoft XX Spread for ASP.Net	
				Web EDI	同上	XXX	Microsoft XX Spread for ASP.Net	
				MRP server	同上	XXX	XXX	
				DB server	F	XXX	XXX	
	会計システム	財務	CUSTOM	Main Frame	I 社 XX モデル73J (Virtual env：5 OS) OS：Windows server 20XX	XXX	XXX	
	固定資産管理システム	財務 資産管理	ERP	Main Frame	同上	XXX	XXX	
B	会計システム	購買 財務 資産管理	ERP	Component Product	同上	XXX	XXX	
C	会計システム	購買 財務 資産管理	ERP	Component Product	同上	XXX	XXX	
D	会計システム	購買 財務 資産管理	ERP	Application/DB Server	同上	XXX	XXX	

（出所：弊社作成）

(ⅲ)　**ネットワーク構成**

　本項目では，対象事業が使用するアプリケーションを支えるネットワーク構成を把握し，各種ハードの老朽化，売主保有資産に対する依存性，BCP（ビジネス・コンティンジェンシー・プラン）の対応状況を精査する。

　調査実施時は，対象事業が関係する拠点，各拠点，取引先，データセンターをプロットした上で，それらをつなぐ回線を整理する。その際，ネットワークを構成する単位についても整理しておくことが必要になる。

　なお，整理したネットワーク構成に抜け漏れがないかを確認するため，対象事業が使用するアプリケーション，ハードウェアがどこに存在するかを整合する分析も実施することを推奨したい。

　本調査の目的は，ネットワーク構成に関する情報を網羅的に把握することであるため，調査にあたっては，以下の情報についても網羅的に確認し，後続作業で抜け漏れがないようにしておくことが必要になる。

68

なお，統合案件の場合，クロージング時点の対応に向けて買手側のネットワーク構成を調査する必要もある。

- インターネット接続サービス
- リモートアクセス
- 内線/外線電話接続
- DNS
- ドメイン

図表 3 −17 ／ ネットワーク構成図（カーブアウト案件）

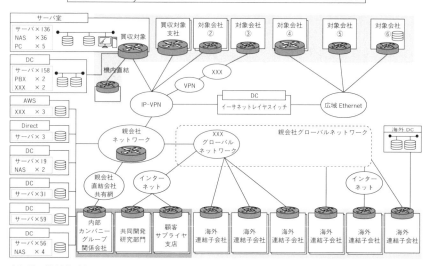

（出所：弊社作成）

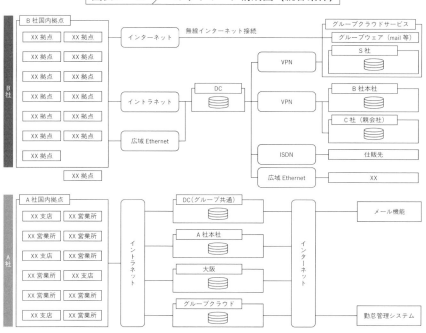

図表 3 － 18　／　ネットワーク構成図（統合案件）

（出所：弊社作成）

(iv)　**IT関連組織**

　本項では，IT システムの運用をどのような組織構成で実施しており，売主に
対する依存性がないか，スキルセットは十分かといった IT 関連組織に関わる
情報を整理する。また，IT システムの運用には専門性が必要になるため，スキ
ルの充足性，年齢構成の整理も必要になる。実務上は，一部の IT システム運用
を IT ベンダーにアウトソーシングしていることが多い。その場合，IT システ
ム組織にどの程度の能力があるのかを確かめるため，IT ベンダーとの役割分担
を確認することも必要になる。

図表 3 ー19 ／ IT関連組織表

部門名称	氏名	役職	主要業務区分	担当業務
情報 システム室	D	室長	企画・管理	● 業務取りまとめ（全般，アプリケーション関連，ITインフラ関連）
	E	室長付	管理	● 全般取りまとめ（一部） ● ITインフラ関連取りまとめ，情報セキュリティー全般，内部統制関連，セキュリティー委員会事務局
	F	室長付	管理	● 全般取りまとめ(一部)，アプリケーション関連取りまとめ
	G	室員	開発・保守管理	● 全般（システム導入・運用・障害対応全般，社内啓蒙活動全般，室内業務），アプリケーション管理(情報提供系システム，周辺システム，データ連結スケジュール管理，情報系システム（ガルーン）・OA系（Office/IE等），取引先データ交換システム，その他個別システム導入支援等)，ITインフラ関連(全社ネットワーク運用，全社システム用PC/プリンタ運用，情報セキュリティー対策，個別PC等，Eグループクラウドサービス)
	H	室員	（同上）	

（出所：弊社作成）

(v) IT関連契約

　対象会社が運用しているITシステムは，どのようなITベンダーと契約しており，その契約内容，金額を含む条件がどのようになっているか，その際，対象事業にとっての不利益条項が存在しないかを確認する。また，M&A実施に伴い株主変更が発生し，それに伴いITベンダー契約の更改作業が必要になる。そのため，契約更改に伴うインパクトを把握するためにも，ITに関わる契約の網羅的な確認が必要になる。

　特に，グループ会社が存在する場合などは，契約手続きが複雑になっていることが多く，更改作業時に新たな事実が発覚することが多いため，開示された契約書と照らし合わせながら事実関係を整理することが必要になる。

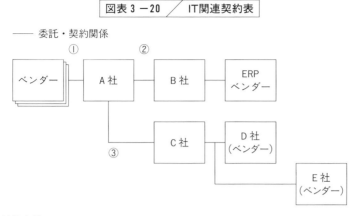

図表 3 - 20 ／ IT関連契約表

A 社：対象会社
B 社，C 社：A 社が所有しているグループ企業のシステム子会社

契約①	A 社が，契約主体となり，アプリケーションベンダーと包括契約＆個別契約を締結 ● A 社との間で通信回線サービス契約を締結（データセンター間 VPN ネットワーク，ルータ利用，ルータ保守サービス）
契約②	B 社へのシステム開発・保守・運用委託契約締結 ● ERP 利用料に関する契約を締結
契約③	C 社グループ会社へのシステム開発・保守・運用委託契約締結 ［D 社と下記内容契約］ ● システム開発委託契約締結（システム内容に関する記述なし） ● PC（2 台），Server（2 台）に関する保守サービス，保守料金 ● 基幹システム導入に伴うシステムの再構築（金額等詳細なし） ● HH 社が販売するプログラムプロダクトに対するサポートサービス ［E 社と下記内容契約］ ● サービス（サーバ利用契約）締結（機器名称，単価，数量，期間，金額に関するロジックについては明記なし） ● 基幹システム運用サービス契約締結 ● 月額サービス利用料（共用使用料，帳票出力料，電子帳票利用料，ネットワーク管理料，ヘルプデスク利用料，電子帳票追加ユーザ ID 利用料）
留意点	B 社システム運用契約の解約に伴い，契約ベンダーとのライセンス交渉が必要であり，要件を明確化した上で，B 社，C 社に対する協力依頼が必要と推察される

（出所：弊社作成）

(vi) IT運用コスト

　事業を実施する上で，様々な IT システムが必要になるが，その運用費用としてどのような費目がいくら程度発生しているかを確認する。

　IT 運用費用の分析も，IT 投資同様，同業他社とのベンチマークが重要にな

72

図表 3 － 21 ／ IT運用費用推移分析表

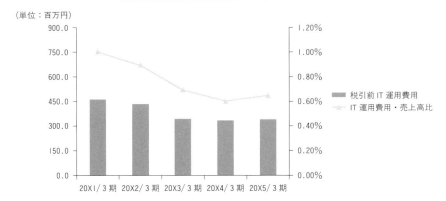

（単位：百万円）

凡例：
■ 税引前 IT 運用費用
☆ IT 運用費用・売上高比

（単位：百万円）

		20X1/ 3 期	20X2/ 3 期	20X3/ 3 期	20X4/ 3 期	20X5/ 3 期
A 社	税引前 IT 運用費用*1	463.4	435.4	344.1	333.3	339.8
	税引後 IT 運用費用*1	211.9	199.3	171.6	166.9	178.9
	IT 運用費用売上高比*2	1.00%	0.90%	0.69%	0.60%	0.65%

*1 減価償却費は IT 運用費用に含む
*2 税引前 IT 運用費用の数値を使用

（出所：弊社作成）

図表 3 － 22 ／ IT運用費用地域費目別分析表

（単位：百万円）

		日本	オセアニア	EU	北米	その他	計
20X1 / 3 期	IT 部門人件費	325	274	140	77	23	839
	IT 関連経費	2,048	686	304	274	158	3,470
	合計 OPEX ①	2,373	960	444	351	181	4,309
	減価償却費②	1,291	149	63	93	33	1,628
	IT 運用費用①＋②	3,664	1,108	507	444	213	5,937
20X2 / 3 期	IT 部門人件費	392	311	140	71	18	932
	IT 関連経費	2,008	750	296	348	180	3,582
	合計 OPEX ①	2,399	1,061	436	420	198	4,514
	減価償却費②	648	197	78	71	41	1,034
	IT 運用費用①＋②	3,047	1,258	514	490	239	5,548
20X3 / 3 期	IT 部門人件費	416	397	181	59	18	1,071
	IT 関連経費	1,932	896	295	417	171	3,710
	合計 OPEX ①	2,348	1,293	476	476	189	4,782
	減価償却費②	682	247	101	107	54	1,191
	IT 運用費用①＋②	3,030	1,540	577	583	243	5,972

（出所：弊社作成）

る。特に，減価償却費を含めたIT運用費用の総額が売上高に占める比率は，ITシステム費用の妥当性を測るために用いられるものであるため，その推移を分析する必要がある。そして，IT運用費用が企業規模と比較し適正であるか，想定以上に費用がかかっている場合，その原因がどこにあるかを調査，指摘する必要がある。

　グローバル案件の場合，各地域ごとに業務機能が異なるケースが多いため，各々のIT費用の可視化，分析が必要である。

　なお，当該調査を進める際は，IT運用費用だけでなく，IT投資の実施状況を加味した分析が必要になる。

③　クロージング時の全体像

　対象事業が買手に移管することにより，ITシステムに対する様々な影響が発生する。また，場合によってはTSA等の手当てにより，現状のITシステムを継続利用し，特段の手続き等も不要である可能性がある。そのため，本項では，クロージングによる影響を前述の項目に対して示していく。

(i)　システム構成

　クロージング時点，アプリケーションを大きく変えるような変更があることは弊社の経験上稀であるが，社名変更に伴うITシステムの改修，およびグループウェアなどの変更を伴うことがある。そのため，前述のシステム構成図に対し，クロージングにより変更が必要になるアプリケーションについては，その変更箇所を細かく記載しておき，実行計画策定のインプットをすることを推奨する。

　なお，クロージング時点，システム構成，ネットワーク構成など，ITシステムに関わる変更事項を伴わないといったことも多い。そのような場合においては，M&A実行の意思決定者に，クロージング時点，ITシステムに対する変更がなくても事業継続が可能であること，および，そのような判断をした根拠を

明示的に示すことが必要になる。

(ii) ネットワーク構成

　システム構成同様，クロージング時点，ネットワーク構成を全く変えるような変更が伴うことは稀である。一方，買手企業のグループウェア（メール等）を使用する場合，ファイヤーウォールを設定した上で，買手企業のネットワークと対象事業が属する売手企業のネットワークを接続することが必要になることが多い（図表3−24は，統合のケースにおいて一時的に統合会社2社間でネットワークをつなぐケース）。そのような変更箇所がある場合，前述のネットワーク構成図に対し，明記することになる。また，デューデリジェンス時点，必要と想定されるネットワーク上の改修点については，後述の実行計画策定のインプットとなるため，システム構成同様に，できるだけ細かく明記しておくことを推奨したい。特に2つのネットワークが併存するような場合においては，セキュリティー面の想定について整理しておくことが望ましいといえる。

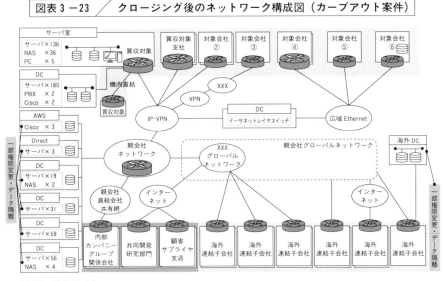

図表3−23　／　クロージング後のネットワーク構成図（カーブアウト案件）

（出所：弊社作成）

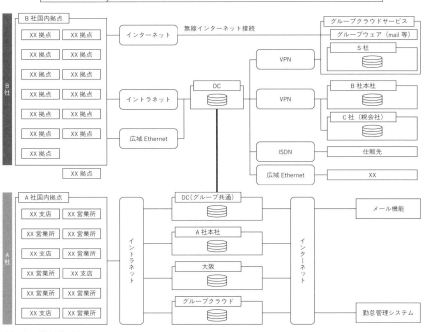

図表 3 －24　／　クロージング時のネットワーク構成図（統合案件）

（出所：弊社作成）

(iii)　IT関連組織

クロージング時点，売手企業からの出向者がいるようなケース，および対象事業体に所属する要員が出向しているようなケースにおいては，当該要員がどのような扱いになるかを明記することが必要になる。もし当該要員の異動により対象事業の IT システム運用における影響がある場合，その具体的なインパクトと対応策について記述することが必要になる。

また，クロージング以降，要員が不足する場合は，不足する工数をどのように補うかについても併せて整理することが必要になる。

(iv) IT関連契約

対象事業が使用する IT システムについて売手に依存関係がみられる場合，クロージング時点，更改が必要となる契約の顔ぶれ，およびその際に想定する契約更改に伴う期間，費用に伴うリスクについて整理することが必要になる。また，契約更改作業は，クロージングに間に合わない場合が多いため，各契約に対するリスク分析と更改作業遅延に伴う対応策についても記述することが必要になる。

④ ポストM&A時の全体像

対象事業を M&A 実施時の目的の姿にするために必要となる IT システム像を明らかにし，そのために必要となる要件をまとめることが必要になる。本項では，ポスト M&A 完了時点における IT システム像を明らかにする。

(i) システム構成方針（案）

対象事業の IT システム像を定義するため，M&A 実施後の IT システム化方針を定める必要がある。M&A の目的，目指す姿を整理した上で，対象事業を支える IT システムに求められる要件を定めるのである。要件といっても限られた情報の中で検討を進めるため，検討すべき対象は限られた範囲にとどまるが，IT システムをどのような手法で構築するかについても定義することが必要になる。具体的には，単にパッケージシステムで IT システムを再構築するというだけでなく，クラウドサービスと RPA を組み合わせ，アドオン機能を最小化する，などの具体的な記載が必要になる。一方，IT システムを再構築するのではなく，業務対応（人の手）で実現するような場合も，その手法を採用する理由とともに，その範囲を記載することが必要になる。

そして，バリューアップを目指すような IT システムの再構築においては，再構築手法に加え，目指すべき数値目標を記載することも必要になる。

(ii)　**システム構成**

　定義したシステム構成方針に基づき，想定した IT システムを前述のバ
リューチェーン上に配置することになる。この際，一定の前提を置いた上では
あるが，具体的なパッケージシステム名なども記載することが必要になる。報
告書上，すべてを記載することはできないが，当該 IT システムで何を実現し，
ビジネスに対しどのような影響を及ぼすかといった検討を行った上で，IT シス
テムの姿を定めることが必要になる。また，IT システムを再構築せず業務対応
を行う場合は，想定する業務量，およびビジネスにもたらすインパクトを整理
した上で，報告書上に記述することが必要になる。

　図表 3 −25は，カーブアウト案件において図表 3 −14で示した現状調査結果
より譲渡不可と判断したシステム（会計・人事システム）を再構築したケース
であり，図表 3 −26は統合案件において図表 3 −15で示した 2 社の現行システ
ムの調査結果よりポスト M&A 時のシステム構成を B 社システムに片寄せし，
A 社にも利用させるよう構築したケースである。

図表 3 −25　ポストM&A時のシステム構成（カーブアウト案件）

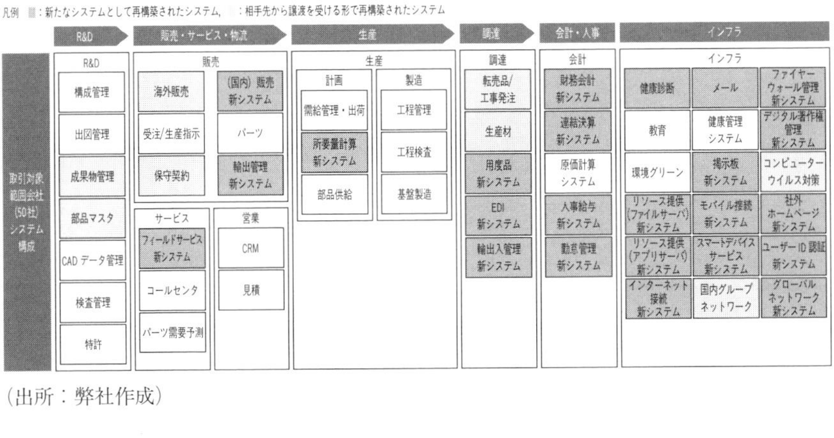

（出所：弊社作成）

図表3−26 / ポストM&A時のシステム構成（統合案件）

事業	主活動										支援活動			
事業	需要予測	引合～見積り	在庫確認	受注	購買	納品/入荷/出荷	工事管理	顧客請求	支払	入金	会計（財務）	会計（管理）	人事	総務
A事業														
B事業		在庫ポジション管理システム	在庫ポジション管理システム				工事管理システム、Web工程表管理システム	Web-EDIシステム、工事管理システム、ERPシステム					人事給与システム、Web勤怠管理システム、Web給与明細閲覧システム、e-Learningシステム	安否確認
C事業				ERPシステム	ERPシステム	ERPシステム			ERPシステム	ERPシステム	ERPシステム、経費精算システム	ERPシステム		
D事業	在庫ポジション管理システム		在庫ポジション管理システム					ERPシステム						
E事業		Salesforce.com					工事管理システム	工事管理 Web-EDi ERPシステム						

（出所：弊社作成）

(iii) ネットワーク構成

　ネットワーク構成についても，システム構成と同様に，前述のネットワーク図を書き直していくことになる。この際，売手ネットワークとの関係をどのように遮断していくか，といった具体的な手法について記載することが必要になる。前述したが，2つの併存するネットワークにおいてセキュリティーをどのように担保するか，および，その際に考えられるリスクと対応策についても整理した上で記載をしなければならない。また，データセンターの移設等を伴う際は，移設に伴う具体的な作業を勘案した上での記載が必要になる。

⑷　IT関連組織

　システム構成，ネットワーク構成で定義した IT システムを運用する上で必要になるスキル，工数を整理した上で，IT 関連組織の再配置，補強要員の要否を整理することになる。その際，ポスト M&A を実現するまでに不足する要員の補強についても記載することが必要になる。そして，不足する要員の補強が必要な場合は，具体的なスキルを含む人物像の定義が必要になる。

図表 3 － 27 ／ ポストM&A時のIT関連組織表

部門名称	氏名	役職	主要業務区分	担当業務
情報システム室	D	室長	企画・管理	●業務取りまとめ（全般，アプリケーション関連，IT インフラ関連）
	E	室長付	管理	●全般取りまとめ（一部） ●IT インフラ関連取りまとめ，情報セキュリティー全般，内部統制関連，セキュリティー委員会事務局
	F	室長付	管理	●全般取りまとめ（一部），アプリケーション関連取りまとめ
	G	室員	開発・保守管理	●全般（システム導入・運用・障害対応全般，社内啓蒙活動全般，室内業務），アプリケーション管理（情報提供系システム，周辺システム，データ連結スケジュール管理，情報系システム（ガルーン/デヂエ）・OA 系（Office/IE 等），取引先データ交換システム，その他個別システム導入支援等），IT インフラ関連（全社ネットワーク運用，全社システム用 PC/プリンタ運用，情報セキュリティー対策，個別 PC 等，グループクラウドサービス）
	H	室員	（同上）	
	I	室員	（同上）	●全般（室内業務，台帳管理），アプリケーション関連（全社マスタ運用管理（職制変更/権限設定/各種マスタ整備等），基幹系システム，周辺システム，取引先データ交換システム），IT インフラ関連（個別 PC 等，グループクラウドサービス，スマートデバイス，携帯電話）
	J	室員	（同上）	

＋

部門名称	氏名	役職	主要業務区分	年齢	担当業務
システム課	A	課長	企画・管理	40歳	●システム開発，保守，トラブル対応（システム全般），監査対応
	B	課長補佐	管理	38歳	●システム開発，保守，トラブル対応，監査対応，システム機器設定（PC，モバイルデバイス）
	C	課員（兼務）	管理	33歳	●EDI データ処理，各種マスタ登録，帳票仕訳

（出所：弊社作成）

(v) IT関連契約

IT関連組織と同様に，再構築後のITシステムを支える上でのIT関連契約の形を定義することになる。クロージングに伴う契約更改ほどのインパクトはないかもしれないが，グローバルに点在する契約を集約するなど，ポストM&Aにおける具体的な姿を記述することになる。

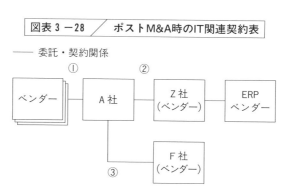

図表3－28／ポストM&A時のIT関連契約表

※A社：対象会社
※図表3－20のC社と異なるベンダーとなった。

契約①	ベンダー各社とA社が契約を締結する
契約②	Z社がERPベンダーと締結したソフトウェア契約に基づき，Z社がA社とシステム使用許諾契約を締結し，A社はZ社に使用料を支払う
契約③	A社が契約主体となり，F社へのシステム運営・開発・保守・運用・ファシリティ・移行業務委託契約締結

（出所：弊社作成）

(vi) TSA要件

前述のポストM&Aの姿を実現する上で必要になるTSA要件について整理することが必要になる。TSA要件の詳細は契約交渉の中で明らかになっていくが，買手としてTSA交渉において主張する要件のドラフトを記載することになる。当該要件は当然ながら金額とスケジュールに影響を及ぼすものであるため，利用継続の希望対象となるITシステム，その期間，運用を継続するために必要になる人的資源など，具体的な内容を記述することが必要になる。

図表 3 − 29　／　TSA要件例

- ▶ 対象会社の現行システムについて，現在同様のサービスレベルを維持しつつも，2 年(25 か月）間の TSA 期間を保証すること
- ▶ メール・掲示板・共有ファイルサーバー等早期に統合するシステムは，双方協議の上，TSA 期間の短縮を認めること
- ▶ TSA 期間中，システム関連費用は現在と同じ利用金額とすること
- ▶ 対象会社の親会社グループの不可的事由等による金額の見直しが必要な場合は，両社協議の上増加額を決定すること
- ▶ TSA 期間延長が必要となった場合，理由が明らかに不当と考えられない場合は，両社協議の上，期間延長を認めること
- ▶ システム再構築に関わる関連ドキュメントの無償譲渡，及び無償問合せ対応を実施すること
- ▶ 対象会社の現行システムから新システムへの移行に関わる無償協力，親会社グループシステム会社への作業指示を行うこと
  - アプリケーション切替，ハードウェア移設，ネットワーク再構築，等
- ▶ 関連する IT ベンダーとのライセンス契約の交渉における担当営業紹介，同席等を無償協力すること

（出所：弊社作成）

⑤　ITシステム再構築に向けた全体計画

　前項までに整理した IT システム像を基に，その実現に向けた計画を整理することが必要になる。前述のように M&A は手段であり，それを支える IT システムの再構築に実現性がないようでは困るためである。そして，何より重要なのはその IT システムの構築により対象事業の事業価値がどのように変化するかを見極めることにある。そのため，M&A の実施によりどのような投資が発生し，運用コストがどのように推移するかといったことを記載していくことが必要になる。

(i)　実現に向けた課題と対応策

　計画を立てる前提として，IT システムの再構築に向けた課題を整理し，その対応策をまとめることが必要になる。そのため，前項までの記載内容に照らし合わせた課題を記載する。特に IT システム要員の確保，IT システムベンダーの調達など，人的資源に起因する課題は，M&A の実現を阻害する要素となりか

82

ねないため，十分に整理し記載することが必要になる。

(ii)　**実行スケジュール**

　整理した課題認識に基づき IT システム再構築に向けたスケジュールを記載
する。この際，クロージング，スタンドアローン化（TSA 失効期限）といった
マイルストーンを明記した上で，どのような作業を進めていかなければならな
いか，タスク間の依存関係を考慮した形での計画を記載する必要がある。また，
IT システムはビジネスを支える基盤であるため，営業，購買，会計などのビジ
ネス要素との関係についても，整合をとることが必要になる。図表 3 －30は統
合案件におけるスケジュールである。

(iii)　**実行体制（図表 3 －31参照）**

　実行スケジュールを実現するために，必要になる人的要素を整理することに
なる。この際，IT システム部門の記述はもちろんのこと，ビジネス部門として
どのような職位の要員が必要になるか，またプロジェクト全体の意思決定を誰
がどのように行うか，といった点についても明記することが必要になる。

(iv)　**IT関連コスト（投資）（図表 3 －32参照）**

　前述までの内容を基に，IT システムの再構築に伴う投資がどのように変化す
るかを記載する。IT システムを再構築するための投資がいつ発生するかはもち
ろんのこと，当該作業を実施することにより影響を受ける IT システム投資が
あればその内容と理由を明記することが必要になる。

　また，IT システムの再構築費用はベンチマーク結果などを基に算出するが，
その算出根拠を明記しておくことが必要になる。

(v)　**IT関連コスト（運用費用）（図表 3 －33参照）**

　IT システムの再構築に伴う投資の変化を反映した形で，IT 運用コストの総
額がどのように変化するかを記載する。投資と同様に，IT 関連コストの増加だ

図表3-30／実行スケジュール表（A社：自社，B社：ターゲット）

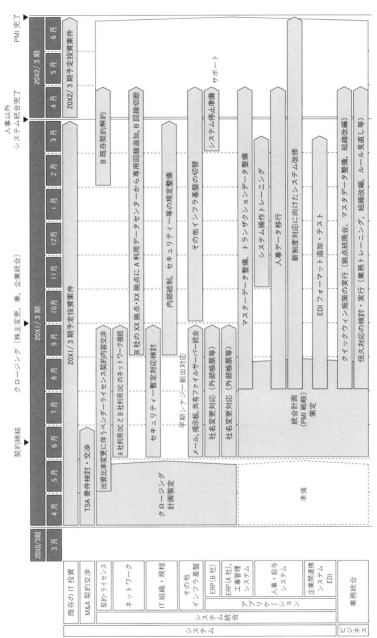

（出所：弊社作成）

図表 3 ─ 31 ／ 実行体制図

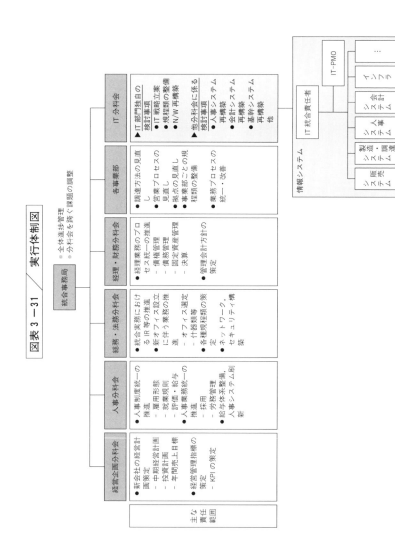

統合事務局

◉全体進捗管理
◉分科会を跨ぐ課題の調整

経営企画分科会	人事分科会	総務・法務分科会	経理・財務分科会	各事業部	IT分科会

主な責任範囲

経営企画分科会
● 新会社の経営計画策定
 ─ 中期経営計画
 ─ 投資計画
 ─ 年間売上目標
● 経営管理指標の策定
 ─ KPIの策定

人事分科会
● 人事制度統一の推進
 ─ 雇用形態
 ─ 就業規則
 ─ 評価・給与
● 人事業務統一の推進
 ─ 採用
 ─ 労務管理
 ─ 給与体系整備、人事システム刷新

総務・法務分科会
● 総合実務における IR 等の推進
 ─ 新オフィス設立に伴う業務の推進
 ─ オフィス選定
● 各種類等
 ─ 各種書類の策定
 ─ ネットワーク、セキュリティ構築

経理・財務分科会
● 経理業務のプロセス統一の推進
 ─ 債権管理
 ─ 債務管理
 ─ 固定資産管理
 ─ 決算
● 管理会計方針の策定

各事業部
● 調達方法の見直し
 ─ 営業プロセスの見直し
 ─ 拠点の見直し
● 事業部ごとの規程類の整備
● 業務プロセスの統一・改善

IT分科会
▶ IT 部門独自の検討事項
 ● IT 戦略策定
 ● IT 規程類の整備
 ● N/W 再構築
▶ 他分科会に係る検討事項
 ● 人事システム再構築
 ● 会計システム再構築
 ● 基幹システム再構築
 他

情報システム

販売システム	製造・調達システム	人事システム	会計システム	インフラ

IT 統合責任者

IT-PMO

…

(出所：弊社作成)

図表 3 −32　IT 投資費用一覧

CAPEX

		合計	20X1 /3期	20X2 /3期	20X3 /3期	20X4 /3期	20X5 /3期	根拠
IT 投資 通常	周辺システムサーバリプレイス				62.8			開示資料「情報システム投資費用推移」より、減価償却費を耐用年数 5 年として算出
	周辺システムサーバ検証機導入				22.8			（同上）
	周辺システム機能追加 Phase1				20.0			（同上）
	DR 環境の構築				7.4			（同上）
	EDI システムサーバリプレイス					83.2		（同上）
	Web セキュリティ対策					3.4		（同上）
	ネットワークセキュリティ対策					30.0		（同上）
	周辺システム機能追加 Phase2						10.0	（同上）
	機能拡張費（安定稼働メンテナンス費含む）							QA 回答参照。
	合計	0.0	0.0	100.0	100.0	213.0	226.6	100.0

	対象システム／システム名称	合計	20X1 /3期	20X2 /3期	20X3 /3期	20X4 /3期	20X5 /3期	算定根拠
IT 投資 Day1 までに発生する投資	ファイヤーウォール専用回線追加				30.0			QA 回答参照。
	メール専用回線追加				1.0			開示資料「グループ会社 IT 調査票」より、ユーザーあたりの取得原価を算出
	掲示板				0.5			（同上）
	共有ファイルサーバ				3.0			開示資料「グループ会社 IT 調査票」の取得原価に算出
	社名変更対応（外部帳票など）				5.0			QA 回答参照。

		合計	20X1 /3期	20X2 /3期	20X3 /3期	20X4 /3期	20X5 /3期	
IT 投資 Day1 − Day2 までに発生する投資								
システム機能追加分 アプリケーション	EDI 開発				50.0			QA 回答参照。
	帳票開発				0.0			QA 回答参照。
インフラ	新ネットワーク構築（両社 DC 間専用回線）				50.0			統合にあたり、新規のネットワーク構築は基本的に売り手側の拠出で実施するものとして算出
	EDI サーバ増設				170.0			EDI の本数追加に伴い、EDI システムサーバリプレイスと同額を計上。（QA 回答）
	専用端末（PC）のセットアップ				20.0			QA 回答参照。
移行時発生分 アプリケーション（データ移行費用）	ERP システム				20.0			QA 回答参照。
	EDI システム				80.0			QA 回答参照。
	工事管理システム				9.0			QA 回答参照。
	遺贈管理システム				5.0			QA 回答参照。
	取引先総合管理システム				7.0			QA 回答参照。
	労務管理システム				7.0	14.0		QA 回答参照。
	支払明細閲覧システム				8.0			QA 回答参照。
	勤務管理システム				8.0			QA 回答参照。
	経費精算システム				13.0			QA 回答参照。
	マスタ移行				12.0			QA 回答参照。
	合計	0.0	0.0	100.0	498.5	711.5	240.6	0.0
	IT 投資合計	0.0	0.0	100.0	711.5	240.6	100.0	

（出所：弊社作成）

図表3-33　IT運用費用一覧

OPEX		20X1/3期	20X2/3期	20X3/3期	20X4/3期	20X5/3期	根拠
IT運用コスト-現行							
従業員給与		80.0	80.0	80.0	80.0	80.0	関示資料「その他DD_3_IT関連費用年間コスト」より、20X4/3期まで の数値を引用。20X5/3期以降は、既存運用コスト一定として横置き
退職給付費用		7.0	7.0	7.0	7.0	7.0	(同上)
福利厚生費		18.0	18.0	18.0	18.0	18.0	(同上)
設備賃借料		7.0	7.0	7.0	7.0	7.0	(同上)
支払リース料		100.0	100.0	70.0	50.0	55.0	QA回答参照
営繕費		256.0	256.0	256.0	256.0	256.0	QA回答参照
シェアードサービス ライセンス料	ERPシステム	130.0	130.0	130.0	130.0	130.0	シェアードサービスシステムライセンス料
	その他	25.0	25.0	25.0	25.0	25.0	シェアードサービスシステムライセンス料
保守料	File共有, e-Learning	90.0	90.0	90.0	90.0	90.0	個別システム保守運用費用
	その他	1.0	1.0	1.0	1.0	1.0	個別システムライセンス料 (File共有, e-Learning)
(個別)		10.0	10.0	10.0	10.0	10.0	個別システムライセンス料 (File共有, e-Learning以外)
旅費・交通費		2.0	2.0	2.0	2.0	2.0	関示資料より、20X4/3期まで20X5/3期までの数値を引用、既存運 用コスト一定として横置き
通信費		40.0	40.0	40.0	40.0	40.0	(同上)
交際費		0.0	0.0	0.0	0.0	0.0	(同上)
業務委託費		260.0	260.0	260.0	260.0	260.0	(同上)
消耗品費		1.0	1.0	1.0	1.0	1.0	(同上)
広告宣伝費		0.0	0.0	0.0	0.0	0.0	(同上)
租税公課		0.0	0.0	0.0	0.0	0.0	(同上)
図書調査費		0.0	0.0	0.0	0.0	0.0	(同上)
諸会費		0.0	0.0	0.0	0.0	0.0	(同上)
雑損		▲0.0	▲0.0	▲0.0	▲0.0	▲0.0	(同上)
雑損		0.0	0.0	0.0	0.0	0.0	(同上)
支払利息		2.0	2.0	2.0	2.0	2.0	(同上)
社内受払利息		8.0	8.0	8.0	8.0	8.0	(同上)
有形固定資産処分損		0.0	0.0	0.0	0.0	0.0	(同上)
無形固定資産処分損		4.0	4.0	4.0	4.0	4.0	(同上)
既存運用コスト合計		785.1	785.1	785.1	785.1	785.1	
将来投資確定分 リース費	標準PCリプレイス			16.1	28.1	28.1	受領資料より、20X1〜20X5/3期までの数値を参照
標準PCリプレイス							(同上)
通信, 業務委託, 営繕費	BOX		7.7	6.8	6.9	6.9	(同上)
通信, 業務委託, 営繕費	全社ネットワーク環境再整備 (増速)			8.0	9.2	9.2	(同上)
通信, 業務委託, 営繕費	DR環境の構築			0.4	0.8	0.8	(同上)
リース費							(同上)
既存運用コスト合計		785.1	785.1	794.2	780.2	785.2	
IT運用コスト調整費用 Day2までの臨時委託費							
運用コスト調整に伴う増加分	人事給与			32.4			運用コスト統合後はライセンスフィーの増分はない想定
ライセンス料	経費精算			0.2	0.2	0.2	ライセンスの借主の変更に伴うライセンスフィーの増分により、ライセンス単価の増加。
	掲示板			2.0	2.0	2.0	ライセンス出資比率変更により、ライセンス単価の増加。
	スマートデバイス			5.4	5.4	5.4	ライセンス出資比率変更により、ライセンス単価の増加。
合計				4.9	4.9	4.9	ライセンス出資比率変更により、ライセンス単価の増加。
IT運用コスト調整費用 合計		0.0	0.0	44.8	12.4	12.4	
調整後運用コスト シナリオ①		785.1	785.1	839.0	792.6	797.6	

（出所：弊社作成）

けでなく，減少となる費目も発生することが多く，その明細を整理するととも
に，算出根拠を記載しておくことが必要になる。

　なお，最終報告書は銀行等の金融機関に提出する可能性があることに留意が
必要である。買主が銀行から資金調達するケースにおいては，買主が作成する
事業計画の信憑性を裏付ける資料として，アドバイザーが作成する報告書が使
われるのである。そのため，買主以外の第三者が閲覧しても十分理解できる論
理構成，記述が求められるという点に留意が必要である。

Check!　「リスク」について

　"リスク"という単語は，扱いに注意が必要である。M&A案件の性質によっては，
ITデューデリジェンス報告書が金融機関に提出されることがある。その際，金融機関
が融資の審査をする際，リスクという単語に反応してしまう。そのため，買主として
は，リスクという単語を用いた記載を嫌がる傾向がある。そのため，デューデリジェ
ンス報告書の用途によっては，リスクという単語は使用しないように注意することが
必要になる。

　一方，買主がその金融機関である場合，ITデューデリジェンスの報告書にリスクを
列挙することが，逆に重要になる。皮肉な話であるが，金融機関内部では，案件に対
するリスク評価を適正に行ったかを必ず問われることになる。その際，専門家による
リスク分析が適正に行われていることは，稟議申請を行う担当者にとっては非常に重
要なのである。そのため，事細かなリスクの列挙と対応策の記載が，金融機関の案件
においては重要になる。

　ITデューデリジェンスと一言でいっても，案件の性質に応じて使うべき表
現，調査の観点は異なるため，状況をよく見極めた上で，報告書の記述内容を
使い分けることが重要になる。

第 4 章

ITデューデリジェンスの
実務

　前章までは，IT デューデリジェンスの目的，成果物，作業について解説をし
てきた。しかし，IT デューデリジェンスを実施するためには，様々なポイント
を踏まえる必要がある。本章では，弊社が過去に実施した IT デューデリジェン
スの実務経験に基づき，そのポイントを解説する。

1 ┃ ITデューデリジェンスのパターン

　IT デューデリジェンスにおいては，対象となる事業の範囲とその業態，そし
て，買手の事業内容によっても，作業の進め方，求められる結果には違いが生
じるため，それら違いを把握した上で作業を進めることが不可欠になる。その
ため，以下において，これら 3 点に関する代表的なパターンと実務上のポイン
トについて解説する。

(1)　対象事業の範囲とITデューデリジェンスの特徴

　IT デューデリジェンスの目的は，IT システムに関連するリスクの検知，M&
A シナジーの追求にあるため，IT デューデリジェンスの実施スコープは，M&
A の対象事業と買主の業務範囲と同一の範囲となる。IT デューデリジェンスの
実施スコープを見誤った場合，途中でスコープの追加・変更が発生し，作業が

90

期日どおりに終わらない，M&A実施後の想定外の費用等のリスクを抱えるなどの問題を引き起こしてしまうため，どの範囲をスコープとするかを定めることは非常に重要になる。

　以下では，対象事業が，①法人格として独立している場合(単体法人)，②当該法人格が複数の子会社・関連会社を有している場合（複数法人），そして，③売主または，その関連会社の事業の一部のみである場合(事業の一部譲渡)，の3つの代表的な形態について解説する。

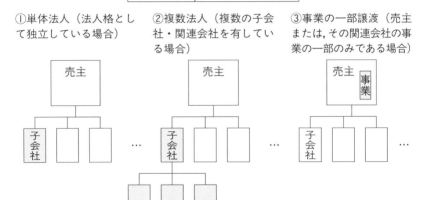

図表4－1　対象事業の範囲

①単体法人（法人格として独立している場合）

②複数法人（複数の子会社・関連会社を有している場合）

③事業の一部譲渡（売主または,その関連会社の事業の一部のみである場合）

（出所：弊社作成）

①　単体法人

　ITデューデリジェンスの実施スコープとしては，M&A対象事業自体が法人格そのものになるため，作業範囲を特定しやすく，非常にシンプルなケースになる。

　しかし，このケースにおいて気をつけなければならないのが，単体法人に，出張所として海外に拠点が存在する場合である。M&A全体のスキームとして，開示情報で触れていることが多いが，規模が小さいため見落としがちである。ITデューデリジェンスという点では，この拠点等も，ネットワーク回線やテレ

ビ電話会議システム等を保有していることが多く，その点，回線の細さによる
業務の非効率などの弊害がないかを調査することが必要になる。

事例　製造業の買収案件④

　製造事業の買収案件において，対象になる拠点を調査した際，日本とアメリカ
に拠点があることを開示資料より確認した。そのため，当該拠点のITシステムに
関する開示要求を提出し，調査を実施した。その後，作業は順調に進みデューデ
リジェンスが終盤に差し掛かった頃，他チームとの話の中で「出張所が〜」との
発言があったため，インタビューを設定し確認すると，中国に出張所が存在する
ことがわかった。出張所に大きなITシステムはないが，小さなネットワーク網が
存在し，それが売主のネットワーク網に依存していることが判明したのである。
当然ながらネットワーク離脱に伴う費用は想定していなかったため，急いで見積
りを実施し，再構築費用に盛り込んだが，出張所の存在に気づかなければ，その
費用を危うく見逃してしまうところであった。

　デューデリジェンスの調査対象として，法人格を有する事業所は，ホームペー
ジ等にも記載があり対象を特定することが比較的容易である。しかし，出張所
のような形で2，3名が勤務している拠点であると，開示情報に明確な記載が
なく，対象事業の担当者も忘れてしまうことがあり，上記のような事態が起き
てしまう。そのため，ITデューデリジェンス実施時，調査の対象については他
チームとの認識合わせに加え，念押しでこのような拠点が存在しないかを対象
事業の担当者に確認するとともに，人事デューデリジェンスの開示情報にも目
を通すなどして，抜け漏れがないかを確認することが必要になる。

②　複数法人

　ITデューデリジェンス実施の中で最も多いのがこのケースである。対象事業
が法人格を有しており，その関連子会社が国内外に法人格を有している場合で
ある。このケースにおいて，サービス業のような業態，例えば旅行代理店業な

どは世界各国に法人格を有していることが多い。当然ながら英語圏以外も含まれるため，まともに調査を行おうとすると大規模なデューデリジェンスチームを組成しなければならなくなる。

　一方，M&Aを実施できるかを調査するために，それほど多額の費用を買主としても支払うことは難しい。このような場合においては，調査アプローチに工夫が必要になる。具体的には，公表情報，非公表情報を基に，法人の業態，保有業務機能を特定した上で，ある程度のグループ分けを行い，重点的に調査を行う法人と，仮定を置いて数字を作る法人とを整理するのである。

　なお，この方針をとることにより，デューデリジェンス精度は当然ながら低下する。そのため，買主とは事前に認識を合わせておくことが必要になる。また，デューデリジェンス早期のタイミングで，その認識合わせが完了していることが望ましい。

　費用面以外の点でも，この方針をとらなければならない背景も実は存在する。法人格が多くグローバルに展開している案件の場合，情報開示が思うように進まないことが非常に多い。そのため，開示済みの情報から把握したITシステム構成を基に，ITシステムの統合方針に関する仮説を早期に構築し，Q&A等を通じ仮説を裏付けながら調査を進め，ITシステムの共通化範囲を特定していくといったテクニックも必要になる。

事　例　　製造業の買収案件⑤

　製造業の買収で，対象事業が国内外を含め100近い法人を含む案件があった。
　IRL，Q&Aで海外拠点について問い合わせを実施したが，「現在調査中」，「詳細は本社ではわからない」との回答しか出てこない。情報開示が行われても，信頼性に乏しい資料しか開示されない状況であった。そのため，デューデリジェンス開始1週間で，法人をカテゴライズし，調査するアプローチに変更した。
　具体的には，300億円以上の売上高を有する法人は，通常のデューデリジェンスを掛ける一方，それ未満の売上高の法人は，事業形態（販売，製造，サービス）を基にカテゴライズし，情報入手が容易そうな国の法人を集中調査し，その結果

を他法人に適用した。本案件は，売手側が提示したITシステム再構築費用の矛盾
点を探し，補正を実施する案件であったが，売主側は，かなり控えめな数字を提
示していたため，調査結果により補正を掛けた結果，そのリスクの大きさを浮き
彫りにすることができた。

　この事例のように，限られた期間と情報の中で，多数の法人に対しデューデ
リジェンスを実施しなければならない場合，このような仮説を構築した上で，
調査を実施することが有効になる。

③　事業の一部譲渡
　これは，売主が保有する事業の一部が売りに出される，というもので，IT
デューデリジェンスにおいて最も苦労するケースである。
　この場合，買収対象になる事業の範囲が，ビジネスの側面でも，IT システム
という側面でも非常にわかりづらい。また，IT システムのスタンドアローン化
が必ずといってよいほど論点になる。
　多くの企業において，フロント系システム（営業系システム等）は事業部ご
とに別システムである場合があるが，会計を中心とする基幹系システムは同一
システムを対象事業間で共有していることが多く，対象事業の売却に伴い共有
IT システムが譲渡対象外となり，新たな IT システムを構築することが必要に
なるためである。そのため，対象事業固有で使用している IT システムは何か，
譲渡対象になるシステムは何かを特定する作業が不可欠になる。その上で，不
足する IT システムとしてどのようなものを構築すべきか，そのシステムを支
える IT 組織としてどのようなスキルを持った人材が必要か，譲渡対象になる
IT システムの契約はどの程度，更改手続きが必要かといったことを整理する。
　この際，共通化している IT システムの運用費用の調査時においては注意が
必要である。1つの企業の中で，事業ごとに IT システム費用を管理している企
業はわずかである。売主，対象事業の担当者でも正確な数値がわからないため，

この費用の開示を求めると，全体費用を対象事業に配賦した数値が開示される。参考値としてはよいが，対象事業を独立させた場合の費用の算出論拠としては薄弱である。そのため，この作業においては，譲渡対象 IT システムの費用のみを開示請求し，残りの費用は IT システムの再構築を前提に積み上げなければならず，非常に難易度が高い作業になる。

事 例　日系大手精密部品メーカーによる一部事業の買収案件

　この買収案件において，事業譲渡によるERPライセンスの新規購入費用が大きな関心事項であった。というのも，ERPライセンスの定価を適用した場合，ワンライセンス数十万円の費用が発生し，想定使用ユーザ数から推測すると，ディール・ブレイクは決定的であったためである。

　ところが，対象事業が使用するITシステムの情報開示要求を提示したが，情報開示が一向に進まない。売主の言い分としては，ITシステムを共有化しているため，M&Aといえども情報を開示できない，というのである。特に基幹システムのERPライセンス単価としてグループ全体で同一価格が適用されているため，一切開示できない，の一点張りである。そのため，インタビューを通じ情報を引き出す戦略をとった。インタビューでは，Q&Aを淡々とこなし担当者の緊張を解きほぐし，時間が押し迫ってきた状態で，「ところで」と切り出した。そこまでの流れもあり，担当者から「概算ではあるがユーザ数○人で，○千万円である」という回答を引き出し，事業譲渡後の費用を算出することができた。

　このように，事業の一部譲渡案件において難しいのは，他事業との兼ね合いで，情報の開示が進まず，最も重要な費用インパクトを弾きづらい点にある。そのような場合，財務チーム経由での情報収集や，事例のようなインタビューを通した情報収集など，戦略を組み上げた上で対処しなければならない点に留意が必要である。

　以上のような IT デューデリジェンスのパターンは，対象事業の規模や業態

によっても複雑性が異なり，紹介したパターンを組み合わせたような，より複雑な事例も実務では珍しくない。そのため，担当する IT デューデリジェンスがどのようなパターンに該当するかを確認した後，何を明らかにしなければならないか，それはどういった戦略・アプローチで情報を引き出すことができるか，といった調査方針をデューデリジェンス初期の段階において練ることが極めて重要といえる。

（2）　対象事業の種別とデューデリジェンスの特徴

　以下では，いくつかの事業種別における IT システムの特徴とデューデリジェンス時のポイントについて解説する。

①　小売・流通

　本事業の特徴は大きく 2 つある。(i)在庫管理を中心とした様々な機能と，(ii)それを実現するためのシステムの構成である。

(i)　在庫管理を中心とした様々な機能

　様々な店舗にある在庫を把握した上で，それらを集中管理し，最適な在庫配置を実現することが重要になる。その際，需要の変動をとらえるため，販売数量，廃棄数量等を分析し，需要予測に基づき生産された在庫をどう配分するかといった機能も重要になる。また，多くのフランチャイズを持つことが多く，それらフランチャイズに提供しているシステムや，それらシステムと本社の購買システムのデータ連携，外部仕入先とのデータ連携が発達していることが多い。

(ii)　(i)を実現するためのシステムの構成

　これらシステムは，ERP パッケージだけで実現することは難しい。そのため，多くの機能をカスタムメイド開発し，それら大小のシステムで構成していることが多い。そのため，当該システムの関連ドキュメントや技術者確保の十

分性，個々システムがいわゆる SOA（サービス・オリエンティッド・アーキテクチャー）型のシステムアーキテクチャーを採用し，ビジネスモデルの変化に柔軟に対応できるか，といった点も確認する必要がある。

　一方で，複数のシステムを組み合わせたアーキテクチャーを構成している場合，システム間のオペレーションの煩雑性が問題となるため，RPA による効率化施策を十分講じられているかも確認する必要がある。

　また，小売業においては，店舗内における動線管理，Web のコンタクト履歴，顧客の実際の購買パターンから価格，棚割りを決めるなどの購買データの活用が重要となっている。そのため，これらデータを蓄積するための IT システム基盤は十分であるか，蓄積したデータは分析に耐えうるだけの属性項目を有しているか，そしてデータ分析を効率的に行うための分析ツールは十分に揃っているか，についても確認する必要がある。これらデータ分析は小売業の根幹をなすものであり，専門家を加え，調査を十分行った上で，不足する IT システム機能についてどのような投資が必要になるかを明らかにしなければならない。

② 製　　造

　本事業の特徴は大きく 2 つある。1 つは工場を中心とした生産管理業務とそれに付随する基幹系 IT システムであり，もう 1 つは製品開発における設計システムである。

（i）　基幹系ITシステム

　工場設備に関わる IT システムの多くをカスタムメイドで構築，使用しており，会計・人事給与を中心としたシステムの売主に対する依存度が論点になることが多い。そのため，この領域を中心とした IT デューデリジェンスを実施することが多い。

　しかし，対象事業によっては，ERP システムを工場まで全面展開しているケースも存在する。この場合，ERP システムがカバーする範囲を特定すればよいため，現状調査は簡素で済むが，再構築の見積りの難易度が非常に高くなる。

製造業において，モノの作り方は企業の生命線そのものであり，ERPが想定する業務をそのまま適用することが困難なケースが多い。そこに，アドオンと呼ばれる追加開発を施し，ERPシステムを適用しているため，新たに再構築をしようとした場合，数年間にわたり数十億円規模のシステム開発が必要となる恐れがある。そのような場合，M&A価格に比較し，相当額の初期投資が必要になるため，初期調査段階で，この事態が発覚した際は，クライアントに速やかに報告し，対応策を協議することが必要になる。

(ii)　設計系システム

こちらは技術者1人にライセンスが付与されているが，このライセンス費用が非常に高価であるため問題になる。そして，設計システムベンダーは多くの場合，ライセンスの譲渡を禁じているため，M&Aに伴い新規購入が必要になる。技術者が100人近くになる場合，数億円単位での追加投資が発生するため，本論点についても，調査の初期段階で発覚した場合は，クライアントとの速やかな協議が必要になる。

③　金融・保険

この事業の特徴は，ITシステムとビジネスが一体化している点にある。顧客管理，与信審査等の多くがシステム化している。金融業界は，ITシステム化の手法についても洗練しており，SOAなどを取り入れているため，システム機能が細分化し，ビジネスサービス単位で存在するため，非常に多くのシステムが稼働しており，各システム機能を調査の初期段階で確認することが重要になる。

一方，クライアントの要望として，M&A後のITシステムの拡張性，買主システムとの統合可能性調査が多い。前述のようにビジネスとシステムの一体化が非常に進んでいる業界であるため，新たなビジネスサービスを提供しようとした場合，ITシステムの拡張性が足かせになる可能性が高いためである。その点，調査内容も，ITシステムの構築言語，使用フレームワーク，アーキテクチャーの基本思想等が先進的であるかを分析・報告しなければならない。

98

特に，金融業界はRPA，AIの適用が進んでいる領域であるため，具体的にどのような領域に，どのような製品を適用しているかを確認し，複数製品が乱立している場合であれば，それらの統合是非についても調査報告することが必要になる。

また，金融事業では，情報セキュリティー対策の十分性についての調査が必要になる。具体的には，FISC（金融機関等コンピュータシステムの安全対策基準）規程に対し，対象事業が保有する規程がどの程度準拠できているか，また，運用面での課題がないかを調査・分析することが必要になる。

④ サービス・IT

この事業における論点は，原価管理，人材のスキル管理がどの程度システム化できているかにある。通常のモノづくりと異なり，サービスの提供時間に合わせて原価が積み上がり，請求が発生するため，その管理がITシステムでどこまで実現できているかが重要になる。いわゆるプロジェクト管理といわれるものだが，作業の進捗，原価の二点を十分管理できる仕組みになっているかが重要となる。

また，通常，これらの業種は設備等の資産を多く持たない。この事業の主要な資産は，"ヒト"である。そのため，個々人のスキルや資格といったものを管理し，適材適所を実現できることが事業上重要になる。また，アルバイト等を多用したサービスにおいては，時間管理，採用管理などが重要であり，そのあたりをどこまでシステム化しているかが重要な論点になることもある。

なお，ITサービスを提供する業態においては，RPAによる運用業務の効率化をどの程度実践できているかを調査することを推奨する。ITシステムに関わる運用業務の多くは単純作業である一方，複数のシステムを使用しなければならないため，ヒトの手で作業を行ってきたが，当該作業はRPAが得意とする内容でもあるため，それら作業を自動化し，生産性を十分高められているかを確認し，不十分な場合，RPA導入の投資を加えることが必要になるのである。

業種別の考慮点については同一業種の中でも異なることが多い。その点IT

デューデリジェンスにおいても，当該知見をカバーするため，その業界の専門家をチームに加えた上で，対象事業の業界内でのポジション，課題事由を識別するとともに，ITシステム機能に関する調査を実施することが重要になる。

（3）　買主の種類とITデューデリジェンスの特徴

①　事業会社

　日本の事業会社がM&Aを実施する目的はマーケットシェアの獲得，または新規事業の獲得であり，そのため，競合企業に当たる事業の買収，あるいは新しい企業を買収することが多いが，これらの会社においてITシステムの将来的な方針がある場合と，ない場合がある。多くの場合は後者であり，現状を確認してから将来の方針を考えることになる。そのため，調査状況をこまめに報告するとともに，将来的な絵姿について議論をすることが重要になる。

　また，ITシステムの予算を一度設定すると，後日，修正が非常に大変になるため，IT予算枠の確保のため，バッファになる費用を多めに積む傾向がある。そのため，この点についても報告前の事前摺り合わせを十分に行うことが必要になる。

Check!　デューデリジェンスにおけるIT担当者の状況

　買手が，事業会社の案件でキックオフに参加すると，IT担当者の方の挨拶は概ね以下の言葉で始まる。「昨日，役員に行けと言われて参加しました。まずは現状を教えてもらい，今後のことを考えたい」

　そのため，白紙状態からのスタートになる。情報開示が始まると，資料の確認はするが，自社で使用していないシステムについては知見がないため，理解が進まないことが多くみられる。ソフトウェア関連のライセンスについて特にその傾向がある。そのため，ITベンダーごとの特徴を説明する個別セッションを行うなどの配慮が必要になる。

---

② 銀行系グループ

銀行系グループの M&A の特徴は，M&A，資本参加を通じた商品ラインナップの拡大にあることが多い。

銀行系グループにおける IT デューデリジェンスの大きな特徴は，リスクの網羅的な洗い出しにある。銀行という業界の特殊性もあるが，費用面での上振れリスクに加え，情報セキュリティー面での対策が十分であるか，また，統合作業を実施する上で人的リスク，システム的なリスクなどを分析し，その対応策をまとめることが必要になる点に特徴がある。そのため，IT デューデリジェンスの調査においては，リスクというテーマで Q&A を組み立て，多角的な分析と仮説の構築を行わなければならない。

なお，銀行系グループは IT システムをビジネスに多用しているため，知識，経験を十分持った担当者であることが多い。一方で，信用保証を社内の人間で行うこと自体がリスクであるため，調査を外部に依頼することが多い。そのため，デューデリジェンス結果は，行内での説明資料として使われることが多く，報告資料のワーディングなど，担当者と相談しながら資料をまとめるといった配慮が必要になる。

Check! 打ち合わせのスタイル

金融系案件の打ち合わせには，経験上，2 つの特徴がある。1 つは，打ち合わせの回数が多く，かつ急遽呼び出される点である。社内で何かしらの方向感が示された場合，専門家の意見を確認し，報告をしなければならず，その問い合わせに来るという具合である。もう 1 つは，一度の打ち合わせに非常に多くの人が同席する点である。IT 関係部門，事業部門，企画部門，そして大手金融機関系列の場合，買主の親会社の方々も同席するため，会議の調整，運営の難易度は高くなる。そのため，キーマンになる意思決定者を早期に見極めた上で，政治的な関係に配慮しながらデューデリジェンスを進めなければならない点に注意が必要になる。

③　商　　社

商社のM&Aの目的は多岐にわたる。そのため，傘下のグループ企業とのシナジーを図ることを目的としたものも存在する。一方，流通網を押さえるため，資本参加のみを目的としたケースが多いのも特徴である。

商社案件におけるITデューデリジェンスの特徴は，費用要求はもちろん，クライアント社内の稟議プロセスに左右される点に特徴がある。その点，銀行に近いところもあるが，M&Aの稟議をかけるタイミングから逆算すると，いつまでに報告という具合で線が引かれるが，引き直してみるとかなり短い期間での最終報告会になることが多い。

また，総合商社大手は，情報システム子会社を持っており，子会社担当者との連携が重要になる。また，商社子会社ともなると，総合商社大手3社の資本が入っていることもあり，買主側の関係者が複雑化していることも多く，関係者間における調整もより一層留意が必要になる。

事　例 ▶ **サービス事業の買収案件①**

サービス事業の買収で，大手総合商社の子会社が買主になる案件であった。そこで，ITシステム領域のキックオフが開催されたのだが，参加者が多く，買主の情報システム部門，親会社Aの情報システム部門，親会社Bの情報システム部門，親会社Aの事業部門の情報システム部門，そして情報システム子会社と20人近い。ところが，誰が何を決めるのか，参加者自身もよくわかっていない。そのため，作業内容を摺り合わせるとともに，定例会の設定と，役割分担について討議を実施した。しかし，内輪で検討したいとのことで，結局，結論が出るのに1週間を要した。

近年，商社の中でも再編が起こっているため，資本関係が複雑であることが多い。そのため，関係者が多岐にわたることも少なくない。その場合，当事者同士は，政治的な配慮もあり，役割分担の整理が難しいため，第三者が積極的にその交通整理を行うことが必要になる。

④　ファンド

　ファンドの M&A の目的は利益の創出である。その点，あらゆる費用を抑えつつ，対象事業を再生し，エグジットすることがすべてになる。

　IT デューデリジェンスにおいては，システム再構築費用の算出に特徴がある。

　IT システムが売主に依存する場合，その再構築を安価に行う手法としてどのようなものが存在するか，具体的なベンダーはどこと組むべきか，などをロジカルに，かつ，事実に基づき提示する必要がある。そして，IT システム再構築に伴うビジネス的なメリットとコストの観点からの複数シナリオの提示が不可欠になる。

　また，ファンド案件においては，そのスピード感に特徴がある。重要情報の開示が午前に行われたとすると，明朝に電話会議で，開示情報および調査方針の説明が必要になる。そして，他のデューデリジェンスメンバーとの連携で，チーム全体としてどう進めるかの合意形成を図り，当夜には Q&A を送付する感じで作業が進むという具合である。このスピード感に全チームが合わせるというのだから，ある種の高揚感さえ感じる瞬間である。

　このようなサイクルであるため，1 日に数百通のメールが朝 6 時から深夜 3 時まで飛び交うなどというのは珍しいことではない。そして，受信するメールの何が重要であるのかを把握するため，常にメールをチェックし，レスポンスができる体制をどう構築できるかといったこともファンド案件に関わる上では欠くことのできない重要な要素になる。

Check！　報告会の後…

　ファンド案件は報告会が終了してから始まるといってもよい。デューデリジェンスは専門家の仕事であるため，ファンドの方々は作業にはまったく干渉しない。しかし，報告会で費用を説明し，報告書を提出した後は，買収価格とエグジットによる利益額を算定するため，問い合わせの波が押し寄せる。

　筆者が，デューデリジェンス案件に慣れていなかった頃，報告会が終わったことを

喜び，打上げをしていたら，24時過ぎに携帯電話が鳴り，「XX ファンドの方からお電話です」と伝えられ，酔いが一瞬で覚めた経験がある。その後，朝 7 時までに問い合わせ内容を調査し，社内のレビュープロセスを回し，朝 9 時には回答を提出できたのはある意味，奇跡であったかもしれない。

---

2 ┃ ITデューデリジェンス計画の策定

　IT デューデリジェンスは，その実施期間が非常に短いわりに，調査対象となる範囲は大きく精度の高い作業を求められる。そのため，IT デューデリジェンスの実施計画の精度が，IT デューデリジェンスの成否を決めるといっても過言ではない。以下においては，実務を行う上で必要となる計画業務のポイントについて解説する。

（ 1 ）　ITデューデリジェンスと一般的な調査分析との相違点

　IT デューデリジェンスと一般的な調査分析案件との大きな違いは，その期間の短さにある。通常の調査分析であれば， 3 か月程度の期間をかけるのが一般的である。しかし，IT デューデリジェンスの作業は，短ければ 3 週間，長くても 6 週間の期間で終わらせなければならない。

　しかも，M&A という最低でも数十億円，場合によっては数千億円が動くことから経営判断に直結する案件であるため，算出する数字にはそれ相応の精度が必要になる。

　では，この環境下で作業を確実に行うのに重要なことは何か？

　それは，仮説の構築力である。断片的な開示情報と，他社の様々な事例を基に仮説を構築し，裏付け根拠を開示資料，Q&A・インタビューで確認するサイクルを高速で回すことにある。

　一方，あるタイミングの開示情報が，積み上げた仮説を一夜にしてひっくり

返すことも珍しくない。それでも体制を立て直し，限られた期間，限られた情報で，可能な限り正確な数値を導くことが必要になる。

　一般的な調査分析案件であれば期間も長く，対面での情報収集もできる。しかし，IT デューデリジェンスでは限定された期間で，インタビューすらままならない環境下で経営判断に足りる情報を提示しなければならないという点が，一般の調査分析作業との決定的な違いといえる。

（2）　計画策定の進め方

　繰り返しとなるが，デューデリジェンスは短期間で結論を導くため，初期の計画がすべてになる。最終報告，中間報告はディール全体のスケジュールから定まっていることが多く，またマネージメントプレゼンテーション等のイベントは対象会社の都合で設定されるため，報告会において何を伝えるか，および，そのために Q&A，インタビューでどのように情報を収集するかが，IT デューデリジェンスの計画策定の中心になる。

　計画策定においては，IT システムをどのような拠点にどう配置しているかの仮説を構築することが重要となる。そして，計画策定といっても単なる作業計画を立てるのではなく，例えば，バリューチェーン上，対象事業は売手と IT システムをどこまで共有化しているか，などかなり具体的な検討を行うことが必要になる。

　そのため，開示情報を丁寧に分析することが必要になる。IM（インフォメーション・メモ）に記載している事業概要，拠点数，社員数などを押さえる。一方，公示情報として取れる情報がないかについても調査が必要であり，雑誌の基幹システム構築に合わせた CIO インタビューや，IT ベンダーの納品実績として，対象事業の名前がホームページにないかなど，思いつく情報をできるだけ収集するのである。

　次に調査戦略を立案する。対象事業が有する拠点数が多い場合，前述のような調査戦略を立案する。また，入札案件である場合，情報開示は進まないとの仮説を立て，どの情報だけは取得すべきか，売主・対象事業の現在の状況から

その情報を開示できるか，また，買主のポジション（売主が売り先候補として
考えていない場合，情報開示が進みづらいことが多い）を想定した場合，真正
面から Q&A で攻めるのか，インタビューを使った勝負に出るのかを検討する。

　また，概算ではあるが，IT システムに関わるリスクと，システム再構築費用
をこの時点で算出する。その上で，IT システムが当該案件上，どの程度のディー
ルブレイカーになるかを押さえておく。

　なお，IT 担当者のウォールイン可否については，必ず FA に確認をとらなけ
ればならない。IT 担当者がウォールインしている場合，情報開示が進む可能性
も高いが，ウォールインしない場合，情報開示が行われないリスクが高くなる。
そのような場合，デューデリジェンス期間を通して，ウォールインをどのタイ
ミングで，どういった根拠で主張するかを計画しておくことが必要になる。

　これらの計画を立てた上で，デューデリジェンスに臨む。しかし，これらの
計画は日々変化する。デューデリジェンスが後半に進むと，様々な情報がわか
り，買主の興味が薄れることもあるし，売主が買主との契約交渉を通じ，好意
を持てば情報開示が急に進む，という具合である。そのため，調査戦略を常に
ローリングし，軌道修正を図りながら作業を進めることが必要になる。

事　例▶　製造業の買収案件⑥

　製造業の買収案件で，M&Aの参加者・関係者の上位層のみをウォールインの
対象としていた。そのため，ITシステムに関する担当者が不在であった。唯一の
頼りは，数年前に情報システム部に所属していた経営企画部長である。ところ
が，情報開示を要求しても開示が進まない。また，ERPシステムのライセンスは
譲渡が可能である，と勘違いをしており，それが案件を複雑化させていた。当
然，FA経由で依頼したが，認めてくれない。そのため，インタビューの場で，契
約条件を正しく理解していれば回答可能な質問をぶつけた結果，ERPシステム
のライセンスに関する理解は明らかな誤りであることなど，担当者の能力が不適
切であることを関係者に周知させた。売手側もそのような実態を見せつけられた
後では，ウォールインの交渉に応じざるを得ず，その後，IT担当者がウォールイ

ンし，その後，調査も順調に進み，無事報告を果たすことができた。

　ITシステムの管理が十分行き届いており，資料ですべてがわかる場合であれば，事例のような対応は不要となるが，多くの場合，現場担当者しか情報を持っておらず，必要な情報を開示資料だけからではとることができないことが多い。また，ITシステムの変更はよく発生するため，過去の担当者では詳細がわからないことも多い。そのため，ITシステムに詳しい者がウォールインされていない場合，調査は難航することが多い。そのような場合，様々なチャネルを活用し，また，施策を講じ，ウォールインをさせることがデューデリジェンスの成功には欠かすことができないといえる。

3 ｜ 現状調査の要件と論点

　ITデューデリジェンスによるリスク評価を実施するためには，対象事業の現状を正しく認識することが不可欠になる。この認識に相違があった場合，スタンドアローン化等，検討の前提が崩れてしまうため，可能な限り正しく対象事業の現状を把握しなければならない。一方，前述のとおり，情報の開示要求を出したとしても，欲しい情報が開示されないのが現実である。そのため，短期間に膨大な量の情報を分析するため，最低限押さえるべきポイントともいえる内容を以下にて解説する。

（1）　IT投資

　IT投資を調査・分析する理由は2点ある。1つは，過去の投資案件の精度を通じ，ITシステム化プロジェクトのマネージメント能力が十分であるかを確認することである。もう1つは，ビジネス上，本当に必要な投資が計画できているかを確認することである。どちらもITデューデリジェンスにおいて，将来の

費用増を防ぐ意味で重要な論点といえる。

①　過去実績

　IT投資に関する過去実績を分析することで，現在のITシステムの老朽化，機能不足による課題に関する仮説を構築することができる。また，過去のIT投資案件の予実（期間，費用）を分析することで，IT投資案件におけるプロジェクト管理能力から，M&A実施後のITシステム再構築案件のリスクを把握することができる。

　IT投資比率を調査することにより，対象事業が実施したITシステム関連の投資額が売上高に占める割合から，業種別のIT投資比率（対売上高）などを参考に，「過剰な投資がなかったか」，また「投資額が少なくITシステムに十分な投資を実施できていなかったか」，および，それらによるビジネスに対する懸念事項を明らかにすることができる。

　分析を進める際は，地域，法人格，投資領域といったいくつかの切り口で，費用分析を行った中で，異常な動きがある箇所を特定する。その上で，Q&Aを通じ，その内訳を精査することになる。

　投資案件の内訳を調査する際は，ITシステムのトラブルに起因するものがどの程度の割合を占めるかを調査する必要がある。また，老朽化対応に起因するものの割合を調査する必要がある。これらの割合が多いということは，今後想定外のIT投資の発生可能性を示唆することになる。また，同時にビジネスを強化する意味での投資が十分行えておらず，業務オペレーションが非効率化している等のリスクを示唆することになる。

　過去実施したプロジェクトについては，当初想定した期間，費用で，プロジェクトを完了できたかを確認する。そのため，金額規模が大きいITシステム化投資案件については，計画資料，予算推移に関する情報を取り寄せて分析することが必要になる。

　調査結果に課題事由がある場合は，再発防止に向け，不足要素を整理し，IT組織の補強，ITベンダーの切り替えなどを報告することが必要になる。

②　将来予定

　対象会社が予定するITシステム関連の投資内容から，本当に必要な投資を実施する予定か，その金額感は妥当であるかを明らかにし，M&A実施後，IT費用の削減，または優先IT投資案件発生時における凍結対象になる投資を見極めることになる。

　M&A実行後，企業価値の最大化を図るため，買主からIT投資を抑制したいという要望を受けることがある。そのようなケースでは，財務的なリスクを軽減するためにも，凍結案件の識別が必要になる。

　例えば，買主がファンドの場合，３年程度でエグジット（株式の売却）を行うことが多い。そのため，この期間内における大規模なキャッシュアウト，および業務的な混乱などのリスクを嫌う傾向がある。そのため，買主が当該案件で何を目的としているかを把握した上で，投資案件の必然性いかんでは，凍結も視野に入れた検討が必要になる。

　一方，M&A実行後，スタンドアローン化対応のため，新たなプロジェクト体制を構築しなければならない際，ITシステム部の要員の不足，業務ユーザの工数負荷によるプロジェクト停滞のリスクが発生する。そのため，既存のITシステム投資の優先度を調整し，当該プロジェクトのリソースを確保することが必要になる。そして，どのIT投資を凍結するか，その見極めを行うためにもIT投資内容の精査を行うことが必要になる。

　様々な案件でデューデリジェンスを実施していると，IT投資の中に，緊急性が低い，実施目的が曖昧なものが見受けられる。特に，事業部門からの機能改善要求がそれらに当たる。そのため，IT投資内容を入手した後は，投資対象をカテゴライズし，保守期限切れ対応，ビジネス上必要な対応，改修等の優先度が低いものへの対応など，振り分け作業を実施する必要がある。その上で，優先度が低い投資は，凍結も視野にゼロベースで検討することが必要になる。

　また，基幹システムの刷新計画がある場合には注意を要する。基幹システムの刷新は大規模な投資になることが多く，システム開発の遅れ，IT システム切り替え時の業務的な混乱を招きやすい。そのため，刷新の必然性を議論する必要がある。

（2）　アプリケーション構成

　アプリケーション構成の確認は，対象事業のバリューチェーンに沿って網羅的に行う必要がある。その上で，老朽化の有無，スタンドアローン化要否などを分析することが必要になる。調査にあたっては，想定されるリスクを予想しながら作業を進めることが重要である。その主要なポイントについて解説する。

①　老朽化
(i)　調査アプローチ

　IT システムの老朽化で問題になるのは，アプリケーションそのもの，ミドルウェアであるアプリケーションサーバー，データベースサーバー，ハードウェアである。

　基幹システム等のアプリケーションおよびハードウェアのバージョンアップについては担当者が認識しており，比較的実施している傾向がある。一方，データベースサーバー等のミドルウェアのバージョンアップはできておらず，保守期限切れの IT システムをそのまま使用している例が多くみられる。

　その際，ミドルウェアにバージョンアップのパッチを当てれば済むものではなく，動作確認のために実施する影響調査，パッチ適用後の動作テスト，切り替えテスト作業が発生するため，発覚時の費用インパクトは非常に大きく，M&A 実行後の企業価値にもインパクトをもたらす。

　その点，手間ではあるが，注意深くベンダー製品名，バージョン名を調査し，保守期限切れとなっている対象を特定する必要がある。

(ii) 老朽化に対するITシステム再構築方法

【プログラム言語のマイグレーション対応】

　アプリケーションを構成するプログラム言語が古く保守期限切れを起こしている場合，最新のプログラム言語に置き換えるマイグレーション処理を施す方法が考えられる。この手法は専用ソフトを使って，プログラムを自動で書き換えるため，一見，作業はすぐに終わるように考えられがちである。

　しかし，細かな文法上のパターンの網羅性を担保することはできないため，実行後の確認作業が必要になる。また，データ属性によっては，文字形式の自動変換が，プログラムの仕様変更により対応できないケースも存在する。そのため，確認するためには，想定シナリオを作成した上で入出力結果の確認を行うテスト作業が不可避になる。そのため，そのシナリオ数を概算で見積もった上で，想定される体制と期間から費用を算出することが必要になる。

【ミドルウェアのバージョンアップ対応】

　データベースサーバー，アプリケーションサーバー等のバージョンが古くなっている場合，ミドルウェアのバージョンアップを実施することになる。この際，データベースのバージョンアップには注意しなければならない。製品によっては，マイナーバージョンアップ時，SQL言語，特にPL-SQLの文法に手が加わることが多い。そのため，アプリケーションが発行するSQLが正しく動作するか，データベース上のPL-SQLが想定どおりのパフォーマンスを出すことができるかを，プログラム言語同様にテストする作業が必要になる。一方，ミドルウェアの想定テスト工数を積み上げ式に算出することは，詳細情報が開示されない状態では非常に難しい。そのため，他社のマイグレーション事例によるベンチマークによる算出を行うことになる。

【ITシステムの刷新】

　ハードウェアの新購入が必要になるような場合，買主の情報セキュリティーポリシーと見比べた上で，初期投資額がほぼないクラウドサービスの検討を推

奨する。クラウドサービスというと情報セキュリティー面で情報漏えいの可能性から，使用を躊躇する動きもあった。しかし，金融システムのクラウド活用に関し，金融庁もアマゾンAWSを許容するなどの動きも出てきており，このようなテクノロジーを積極的に取り入れながら検討を進めるべきである。

②　スタンドアローン

(i)　調査アプローチ

　近年，ITシステムの費用最適化のため，特にバックオフィスシステム（会計システム等）は，グループ内で共有化していることが多く，それらITシステムがM&Aの譲渡対象に含まれず，ITシステムの再構築が必要になることが増えている。また，マイクロソフトオフィス製品等も，グループ内で一括購入等していることが多く，その場合も，売主グループから対象事業が外れることにより，ソフトウェアライセンスの追加購入等が必要になる。そのため，各システムがどの程度，売主ITシステムに依存するかを調査することが必要になる。

　スタンドアローン化における論点は，その再構築方法と体制・期間・費用の算出にある。M&Aという特性上，ITベンダーに見積りを依頼することは秘匿性の観点でも，期間的な観点でも不可能である。そのため，どのように見積りを実施するかを解説する。

　ITシステムのスタンドアローン化で問題になるアプリケーションは多岐にわたるため，対象事業が使用する全ITシステムを棚卸し，その所有者が誰であるかを特定する必要がある。売主に依存関係があるシステムを特定した後は，まずその影響範囲を確かめる。法人格が複数に及ぶ場合は，どのITシステムが，どの法人で使用されているかを棚卸する。

　その上で，対象事業内の売主依存システムを再構築するためのITシステム化方針を立てる。この方針は，単にシステム機能の重複を防止するという点に

とどまらず，ITシステムの再構築完了までの期間，費用，および体制を加味したものでなければならない。

　その後，そのITシステム化方針に基づく形で，他社ITシステムの構築事例を基に，具体的な再構築手法（パッケージを使用する前提の場合は，ベンダー名と使用機能，カスタムメイドの場合は使用フレームワーク等）を定める。そして，当該システムを同業同規模で構築した際のベンチマーク情報を基に，構築に関わる期間と費用を算出する。

(ii)　スタンドアローン化に対するITシステム再構築方法
【ITシステムのコピー】
　M&Aにおいて最も重要なことは，事業の継続性担保である。その点，ゼロからシステムをデザインする手法は取るべきでない。理想的な方法は，売主が保有しているITシステムを丸ごと，またはアプリケーション単位で，コピーして移植してしまう方法である。この方法は，短期間でITシステムを再構築するには最適な方法になる。

　しかし，この手法を取るには2つの条件をクリアしなければならない。

　1つ目は，売主がアプリケーションのコピーを認め，協力できる体制を用意することである。そもそも，アプリケーションには様々な企業のノウハウが詰まっているといっても過言ではない。当該アプリケーションが対象事業以外の事業をカバーしている場合，そのコピーを許可することによりノウハウの流出を招く恐れがある。そのため，そもそもこのITシステム再構築手法を売主が許可するか，という点をデューデリジェンスにおいて確認しておくことが必要になる。

　2つ目は，コピー対象になるアプリケーションの運用の可否である。複数の法人，事業でITシステムを利用している場合，M&A後，不要になる機能を保有することになる可能性がある。アプリケーションは保有自体に費用はかからないが，機能改修，運用における費用に影響を与える。

　例えば，機能追加を行う際，様々なプログラムを改修しなければならず，相当程度の改修費用が必要になり，運用プロセスにおいてマスタデータの整合を担保するのに手間がかかる。これらを十分考慮した上で，ITシステムのコピーが最適な手法であるかを判断する必要がある。

【パッケージシステムを用いた代替システムの構築】

　ITシステムをカスタムメイドで構築することは，費用・期間という面でリスクを有するため，近年はパッケージシステムを使用しアプリケーションを構築することが多い。そのため，ITシステムのコピーという方法を取り得ない場合，現在使用しているパッケージ，または類似機能を有するパッケージを使用し，再構築することを検討する。

　この際，問題になるのが追加開発機能（アドオン機能）をどのように最小化するかである。パッケージシステムをベースとしたアプリケーションを使用している場合，アプリケーション自体には多くの追加開発が行われていることが多く，導入には1年以上の期間を要することも珍しくない。それら機能をすべて一から構築しようとした場合，膨大な費用と期間が必要になる。また，スタンドアローン化が問題になるITシステムは売主グループ内で共有使用されていることが多い。そのため，同パッケージを使用しITシステムを再構築する場

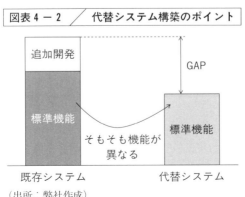

図表4－2　／　代替システム構築のポイント

（出所：弊社作成）

合，対象事業の身の丈に合わないため，類似パッケージを使用することになることが多い。その場合，図表4−2が示すようにパッケージが保有する機能自体に違いが存在するため，一からパッケージシステムを導入することになるため，短期間にITシステムを構築するという点ではリスクを有することになる。

　これらパッケージシステムを使用した場合の機能的な差分を追加機能開発以外で補う方法として，2つの方法がある。

　1つ目は，不足する機能を人の手で補う手法である。具体的にはアウトソーシング＋クラウドサービスを提供するサービスを活用することである。例えば，パッケージシステムと業務上の差分が生じやすい業務としては給与計算業務を挙げることができる。給与計算方法は，諸手当も含めると，追加開発なしでパッケージシステムを活用できるケースは非常に稀である。その点，この領域では，アウトソーシングサービスとして給与計算業務を実施し，そのためのツールとしてクラウドサービス型のITシステムを提供するサービスが発展している。

　このサービスを利用するメリットは，ITシステムを構築するわけではないため，初期導入費用を安価に抑えることができること，およびサービス立ち上げまでの期間が半年程度と短い点にある。一方，ランニングコストである運用費用は高めになるため，その点，リスクと費用のバランスで採用可否を判断する必要がある。

　2つ目は，「RPA」を使用する手法である。RPAは，人間が実施する作業をプログラミングすることで，アプリケーションが確認，登録作業等を行うテクノロジーである。RPAは，パッケージソフトと組み合わせることで，入力がしづらい，データの確認が煩雑といった作業を自動で行うため，パッケージソフトに対する追加開発を最小化できる可能性がある。もちろん，RPAもアプリケーションであるため，ライセンスの購入などの費用は発生するが，プロセス設計次第では，追加開発機能を最小化することができる。

　これらの手法を用いたとしても，パッケージのパラメーター設定，データ移行，テスト，トレーニング，切り替え作業を行わなければならず，それなりのリスクが残存することになる。

③　ポストM&A

(i)　オペレーション・パフォーマンスの概論

　IT システムがビジネスと一体となった現在，オペレーションに関するパフォーマンスは，IT システム機能の良し悪しに依存しつつある。そのため，M&A による企業価値の最大化のためには，IT システムがオペレーションに与える影響を調査した上で改善点を探る必要がある。

　しかし，この作業を行う場合，対象事業の IT システムを眺めていても，その IT システムが十分といえるかの判断を行うことが難しい。そのため，IT システムが使われる業務プロセスと一体として評価を行わなければならない。本章では，その進め方について解説する。

(ii)　対象事業が保有するIT資産の評価

　対象事業のオペレーション・パフォーマンスが適正かどうかを測るには，同業種の企業におけるベンチマーク分析が有効である。デューデリジェンスの期間で，1 つひとつの業務プロセスを検証することは事実上不可能であるため，対象事業の各バックオフィス部門の要員費用が売上高に占める割合，受注から出荷までのリードタイム等の項目を使用し，オペレーションの質を測るのである。

　しかし，同業種の企業の数値を用いたとしても，必ずしも対象会社と実施する事業が一致するわけではないため，あくまで参考にすぎない。経験則上，明らかに違う結果が出た領域には，何かしらの課題が存在することが多い。そのため，ベンチマーク診断結果を基に，調査で判明した IT システム構成との比較を行いながら仮説を構築する。その後，仮説の検証を Q&A で実施し，当該課題解決に必要になる費用を他社ベンチマークから算出することになる。

116

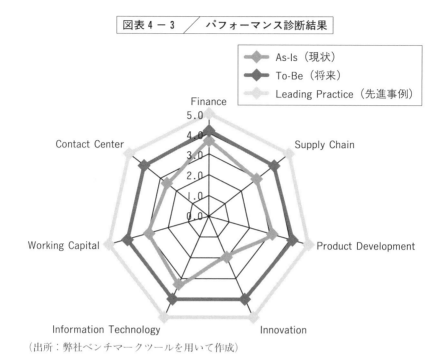

図表 4 － 3 ／ パフォーマンス診断結果

凡例
As-Is（現状）
To-Be（将来）
Leading Practice（先進事例）

（出所：弊社ベンチマークツールを用いて作成）

(ⅲ)　**対象事業が保有していないIT資産の評価**

　業務機能と IT システムをマッピングした際，空白となり，IT システムが欠けている点の評価である。その点，経験上は，購買の EDI 機能が不足するようなことは稀にあるが，多くの M&A 案件において，明らかに不足する領域というのはほとんどみられない。問題になるのは，RPA，ビッグデータ解析(IoT/AI) といったテクノロジーの扱いである。

　RPA テクノロジーの特徴は，バックオフィス業務を中心とした機能の効率化にある。特に，BPO（ビジネスプロセス・アウトソーシング）を実施している企業において，RPA を用いた効率化と業務の社内への取り込み可能性を指摘すべきと考える。また，複数の IT システムを使用し業務を実施している事業においては，人の手による様々なデータ連携が行われていることが多く，RPA の活用可能性を指摘すべきである。その上で，RPA の適用事例を基にベンチマーク

による効率化の可能性を指摘しなければならない。

　ビッグデータ解析の適用領域は様々である。例えば，前述の小売りビジネスにおける顧客動線管理と組み合わせた店舗レイアウトの改善，製造業のアフターサービスにおけるリモート監視，故障予知等である。

　これらの適用事例を基に，断片的に収集した情報と組み合わせた上で，当該テクノロジーの活用を確認するとともに，適用の可能性について論じる必要がある。

　これら以外にも，IT テクノロジーは常に進化しており，仮想現実，拡張現実，量子コンピューティングなど最新のテクノロジーを常に押さえながら，それらテクノロジー適用の可能性を IT デューデリジェンスの中で指摘すべき，と考える。

⒤　買手IT資産の活用

　買手IT 資産を活用し，IT システムを統合したいとの要望がある場合がある。この場合の多くは，IT システムの費用の削減，またはシステム基盤の統合による業務標準化による合理化等を目的とすることが多い。そのため，個々プロセスの課題を洗い出すよりも，統合に向けて，対象事業IT システムを使用すべきか，買主の IT システムを使用すべきかについて，シナジーを整理し識別する。

　この作業を行うためには，対象事業の IT システムについて整理すると同時に，買主の IT システムについても把握することが必要になる。また，IT システムがカバーする機能範囲が2社間で異なるため，統合可否の検討においては，業務プロセスについても分析し，IT システムがどのように使われているかを把握することも必要になる。

　その上で，業務機能軸で，2社いずれの業務プロセス（IT システム）を採用

するかを整理する。その際，いずれかのプロセスを採用することで得られる効果と，失われる効果について整理を行いながら作業を進める。しかし，これらの作業を詳細に行う時間はないため，買主側のITシステム部門の担当者とともに素早く実施することが必要になる。

また，短いデューデリジェンスの期間でオペレーション・パフォーマンスを詳細に検証することはできないため，ベンチマーク等を活用しながら効率的に作業を進めることが不可欠になる。

事 例　サービス事業の買収案件②

　サービス事業の統合案件で，IT統合によるシステム運用・費用のコストが小さく済むというもくろみからスタートした。そのため，まずITシステムの運用保守費用を調査したのであるが，買主側のシステムに統合した場合，コストインパクトがほとんど出ないことがわかった。この時点で，ディールは完全にブレイク状態である。そのため，在庫量，業務プロセス，EDI連携等の様々な情報を入手するとともに，対象事業のITシステム機能に関する仮説を構築していった。その上で，ITシステムを統合する際のオプションを検討した上で，バックオフィス部門関係者に対するヒアリングを通じ，最終的には，人件費の削減効果でITシステム統合シナジーを説明することができたのである。

Check!　ITシステムの統合効果

　ITシステムの統合効果を説明することは，デューデリジェンス段階では非常に難しいといえる。開示情報は限られるし，バリュエーションに響くような効果をIT単体で出すことは難しい。そのため，IT統合案件では必ず業務オペレーションに関わる効果を想定し，その効果を導くための情報収集を初期の段階から実施することが必要になる点に留意が必要である。

（3）　ネットワーク構成

　経験上，ネットワーク構成という点だけにリスクがあることは稀であるものの，クラウドサービスの活用やネットワーク技術の変化，また，セキュリティーフレームワークの変化に伴うネットワークの構成の変更など，ここ数年ネットワークの領域においても多くの変化や自社独自のネットワーク構成の推進が行われてきている。

　そのため，本論点においては，活用の変化や技術の変化に伴うネットワーク構成技術やネットワークサービス活用，スタンドアローンの問題，ポスト M&A によるネットワークの統合を検討するための情報をどのように収集できるかが重要になる。

　また，災害発生時における BCP（ビジネス・コンティンジェンシー・プラン）についても調査・分析し，検討に必要となる情報を整理することが必要になる。

①　ネットワーク活用の変化

　昨今においては，社内のネットワーク外にあるクラウドにデータを保存し，あるいはクラウドサービスによるアプリケーションを使って，業務を遂行するといったことが，一般的に行われている状況となっている。また，従来は，オフィスからのアクセスがほとんどであったが，最近ではテレワークにより自宅からのアクセス機会が増えているほか，携帯やモバイルデバイスを使って外出先から社内およびクラウドにあるデータを参照するといったことも一般的に行われている。そのため，セキュリティーフレームワークにも大きな変化が起こり，境界型の従来のネットワークセキュリティから SASE（Secure　Access Service Edge）のように，従来，境界に設置されたファイアウォールやプロキシサーバー，IPS/IDS，UTM（Unified Threat Management）および VPN やリモートアクセスなどのセキュリティの機能，ソフトウェアで WAN 回線を制御する SD-WAN を，クラウドで包括的に提供するサービスの活用も増えている。これを受け，ネットワークの構成が社内だけでなく外部も含め，複雑になっ

ているほか，サービスの継続使用や環境譲渡においても現契約内容に記載されている範囲を評価し，機能やサービス内容を検討することになる。

ネットワークが，売主のネットワーク構成に依存していた場合，カーブアウトが実施された後，半年～2年程度は，既存のネットワークの使用を売主が許諾することが多い。しかし，情報セキュリティ規程上，一定期間継続後は，当該ネットワークの使用ができなくなる。M&A対象事業は，独自のネットワーク網を構成することが必要となり，その構築に長期の期間と費用が発生する。そのため，ネットワーク構成のどこが売主に依存しているかを整理した上で，再構築を行う際，どのような形でネットワークを構成することが最適になるかを検討することになる。

ネットワークの再構築検討においては，他のITシステムの再構築スケジュールとの整合を図らなければならない。

例えば，会計システムを稼働させるためには，当然ネットワークの準備が前提になる。しかも，実務レベルではファイアウォールの設定，既存ネットワークとの併存，切断など，様々な制約条件を加味することが必要になる。そのため，ネットワーク再構築に向けては，これらの状況を加味した段階的な切り替え計画が必要になる。

また，データセンターを活用したネットワーク構成をとっている企業の場合，このデータセンターが，売主の企業が有するデータセンターか，外部のデータセンターかも重要になる。売主の企業が有するデータセンターの場合，ネットワーク同様，使用期間経過後は使用できなくなるため，新たにデータセンターを構築しなければならない。

構築にあたっては，VM（ヴァーチャル・マシーン）が普及しているためハードウェアの移設作業は簡素化されているが，サーバー環境の構築やIPアドレスの振り直しなどの設定作業は残るため，設定後においては，入念なテスト作業が発生する。そのため，それ相応の期間と費用が必要になる。また，外部のデータセンターを借りている場合も，売主の区画から簡易にセパレートができ

ればよいが，通常は，混在してハードウェア等が存在しているため，物理的な区画整備の可否，使用区画が減少することに伴う費用の上昇なども加味することになる。

② BCP（ビジネス・コンティンジェンシー・プラン）

　ネットワークの調査を行う際，BCP（ビジネス・コンティンジェンシー・プラン）について調査を行うことが増えてきている。特に，金融系システムのようなミッションクリティカルなシステムの場合，二重，三重に及ぶバックアッププランが必要になる。

　例えば，サーバー本体が被災等でダウンした場合，バックアップセンターで同様の業務ができる設備と連絡体制を構築・維持できているか，そのバックアップセンターも被災した場合，復旧作業ができる体制を整えているかなどである。

　これらの可用性対応については，業界ごとに特徴があるため，法令要件，業界標準を調査した上で，どのレベルまで準拠できているかを調査・分析することが必要になる。

［BCP に関わる主なガイドライン］
- ISO22301（事業継続）
- ISO22320（災害・危機対応）
- BS25999（BCMS）
- DR（災害復旧），等

　そのため，これらガイドラインに対する充足性と不足点を把握した上で，ネットワーク構成を維持し，事業を継続するために必要になる情報を整理していかなければならない。

（4） 情報セキュリティー・サイバーセキュリティ

① 高まる関心

前述の BCP 同様，情報セキュリティ対策を講ずる組織である SOC（Security Operation Center）/CSIRT（Computer Security Incident Response Team）の対応状況については，マネジメント層において関心事項となっている。

情報漏洩の発生やサイバー攻撃で影響を受けると，情報漏洩を起こした会社として企業の信頼性を毀損したり，サイバー攻撃を受けシステムダウンすると企業活動に重大な影響を及ぼすことは既知の事象である。

このことからも ITDD において対象会社・事業の情報セキュリティ対応状況・サイバーアタックへの整備状況の評価は高い関心事となっている。規程の調査・分析を行う際は，業界的に基準になる規程・方針書がないかを確認することが必要になる（例えば，金融系システムは FISC の規程に準拠することが必須要件）。

[IT システムに関わる規程類]

- ISO27001（情報セキュリティーの標準）
- CSV（医薬品・医薬部外品製造販売業者等のコンピューター化システム適正管理ガイドライン）
- PCI-DSS（クレジットカード会社の情報セキュリティー基準）NISC（政府機関向けの統一基準）
- FISC（金融機関等コンピューターシステムの安全対策基準・解説書）
- Part11（医薬品や食品の販売許可申請の際に使用する電子データと電子署名について遵守するべき要件）
- 関税法（メールの保存義務）
- 電子帳簿保存法（国税関係帳簿書類の電磁的記録による保存規程）
- 日本証券業協会（自主規制規則）等

②　情報セキュリティの主な論点

　対象会社の情報セキュリティ対応状況の把握は，情報セキュリティに関する
ポリシーとこれを遵守するためのガイドライン・手順書（P&P's）など，情報セ
キュリティ関連の規程類（文書体系）が整備されていることを最初に確認する。
また次にその有効性を確認するために，規程内容の確認を実施したいが確認す
るだけの十分な時間を DD 期間では確保できないケースが多いため，情報セ
キュリティに関する外部機関の監査実施状況およびその評価結果を確認するこ
とで，その有効性を確認する。

　外部機関の監査を実施してないケースにおいては，規程内容を確認すること
になるが，ISMS 等の情報セキュリティに関する一般的な基準に加え，業界に
よっては業界特性を踏まえた基準を加味した確認を行う必要がある。例えば金
融業界においては FISC（The Center for Financial Industry Information
Systems）安全対策基準などを活用し確認することが求められる。ただ金融でも
銀行・証券・保険・消費者金融等によりシステムに求められる業務要件が異な
るため，この特性を踏まえたアーキテクチャ設計となっているかなどを分析し，
利用している技術に関して脆弱性評価を実施するとなる。

　なお，実際にあった話であるが，コンピューター・ウイルス感染がもとで，
ビジネスに対し数億円の被害を蒙った事例などがある。M&A 後，同様の事態が
発生しないよう情報セキュリティー規程上の整備がなされているか，また従業
員等の関係者に対する教育体制はどのようになっており，有効的に機能してい
るかを調査する必要がある。

　また，IT システムには，企業のあらゆる情報が保管されているため，データ
のバックアップ方式，復旧マニュアル，体制の整備などがどの程度考えられて
おり，それらが機能するための仕組みが取られているかを確認，評価すること
が重要になる。

③ SOC/CSIRTの主な論点

　前述の情報セキュリティ関連規程は，対象会社内部の管理体制・社員の情報セキュリティに対する意識を調査するものであるが，外部からのサイバーアタックに対する対応状況を確認するには，その会社のSOC/CSIRTの対応状況を確認することになる。一般的にSOCは「外部からのアタックに対する検知方法・発見時の報告」など事前の検知・対策に重点が置かれて，CSIRTは「インシデントを分析・対応策を検討し，社内外への周知・対応策検討」など事後の対策に重点が置かれている。

　対象会社のSOC/CSIRTの整備状況に関しては，情報セキュリティ関連規程においてSOC/CSIRT体制・役割定義・レポートラインが整備されていることの確認やアタックを検知するための使用しているシステム等を確認しSOC/CSIRTの有効性を確認する。なお，SOC/CSIRTは情報セキュリティ関連に対する高度な知識が必要となるため，その運営をアウトソースしている企業もあるため，アウトソース先の実績によってはこの会社に対する確認が必要になる。

④ 買収後の組織の主な論点

　買い手側においては上記情報セキュリティ・SOC/CSIRTの態勢がM&A実施後も同じレベルを維持できるか否かが関心事になる。したがって，これらを担当していたメンバーを調査し，買収に伴い移籍予定者に情報セキュリティ関連のキーマンが含まれているか否か確認することが重要である。

　なお，情報セキュリティに関してはセラー側としても対応が必要になるが，こちらに関しては後述の「セラーサイドのITDD」において説明する。

（5） IT組織の構成

　IT組織は，ITシステムを支えるための重要な要素となる。一方，少子高齢化の流れの中，ITシステムに携わる人員は減少の一途を辿っており，十分な人材を配置できていないことは珍しくない。そのため，本論点では，IT組織がそも

そもどのようなスキルセットで構成されているか，また，IT ベンダーとの役割分担という意味で，具体的にどのような業務を担当しているかを明らかにし，人的な補充をどのように実施していくかを検討するための情報を収集していくことが必要になる。

①　IT 要員の構成

　対象事業が有する IT 組織が適切な IT スキルを保有した要員で構成されているかは，事業を継続して運営していく上では重要になる。そのため，IT 部門は何人で運用し，どのようなスキルセットを有しており，実際にどのような作業を実施しているかを整理することが必要になる。その上で，IT スキルの不足や，IT ベンダーによる保管状況を調査し，対応策を検討することが必要になる。

　また，その際，対象事業に，売主の IT システム部門から出向している IT 要員がいるか，反対に，対象事業の IT システム部門要員が，売主の関係会社に出向しているかを調査することになる。

　問題になるのは前者で，多くの M&A において，出向者を対象事業に転籍させることは認められにくい。そのため，その要員が実施していた作業について，他の要員で賄うか，新たに雇用するか，あるいは IT ベンダーに業務委託を実施すべきかを検討することになる。

　IT 要員を新たに雇用する場合，通常 6 か月程度の期間が必要になる点に留意しなければならない。また，IT システム経験者といっても，実際の作業が必ずしも経験とマッチするとは限らない。そのため，IT ベンダーに対する業務委託が存在するのであれば，その拡大を視野に交渉を進め，長期に新規雇用を進めるなどの採用戦略を構築する必要がある。

　また，近年，IT 要員も高齢化が進んでいるため，IT デューデリジェンスの中では，定年退職，スキルの陳腐化などのリスクを洗い出す必要がある。その上

図表4−4／スキルディクショナリー

No.	大分類	中分類	小分類
1-1	基礎理論	基礎理論	離散数学
1-2			応用数学
1-3			情報に関する理論
1-4			通信に関する理論
1-5			計測、制御に関する理論
2-1		アルゴリズムとプログラミング	データ構造
2-2			アルゴリズム
2-3			プログラミング
2-4			プログラム言語
2-5			その他の言語
3-1	コンピュータシステム	コンピュータ構成要素	プロセッサ
3-2			メモリ
3-3			バス
3-4			入出力デバイス
3-5			入出力装置
4-1		システム構成要素	システムの構成
4-2			システムの評価指標
5-1		ソフトウェア	オペレーティングシステム
5-2			ミドルウェア
5-3			ファイルシステム
5-4			開発ツール
5-5			オープンソースソフトウェア
6-1		ハードウェア	ハードウェア
7-1		ヒューマンインタフェース	ヒューマンインタフェース技術

専門分野（レベル1・2共通）：マーケティング／セールス（訪問型コンサルティングセールス、訪問型製品セールス、メディア利用型セールス）／プロジェクトマネジメント（システム開発、ITアウトソーシング）／ITスペシャリスト（プラットフォーム、ネットワーク、データベース、アプリケーション共通基盤、システム管理、セキュリティ）／アプリケーションスペシャリスト（業務システム、業務パッケージ）／ソフトウェアデベロップメント（基本ソフト、ミドルソフト、応用ソフト）／カスタマーサービス（ハードウェア、ソフトウェア、ファシリティマネジメント）／ITサービスマネジメント（運用管理、システム運用管理、サービスデスク）

（出所：ITスキル標準V3 2011（2012年3月26日）（独立行政法人情報処理推進機構IT人材育成本部ITスキル標準センター））

で，上記のような選択肢を含めた，IT 組織全体の採用プランを策定することが必要になる。

Check!　リテンション

　M&A の実行時に気をつけなければならないのがリテンション（優秀な人材の社外流出を防止する施策）である。

　対象事業の買収に伴い帰属意識が薄れ，転職に踏み切る人も多い。そして，月並みではあるが，優秀な人材こそ転職を考える。

　そのため，IT デューデリジェンスにおいて IT システムを運用するため欠くことができない人材を識別した上で，クロージングに向け発動するリテンションプランを適用するなどして，その流出を防止しなければならない。

　一方，対象事業の売却に際し，優秀な人材を売主が放出したがらないことも多い。そのような場合，当該人材の存在が，IT システム運用の必要条件としてデューデリジェンス報告で触れるとともに，SPA の前提条件として取り上げ，交渉することが必要になる。

②　ITベンダーとの役割分担

　近年，大半の企業において，IT システム部門が担う作業の一部を IT ベンダーに運用保守作業としてアウトソーシングしている。そのため，対象事業のIT システムを継続的に運用するには，どのような業務をアウトソーシングしているかを把握した上で，そのアウトソーシング先は，新たな技術が登場した際，対応できるだけの十分な技術基盤，人的リソースを有しているかを検討することとなる。この際，売主にどの程度，組織構成が依存しているかが重要になる。

　仮に，カーブアウト後，対象事業の IT システムを運用するのに十分なリソースが確保できないとなると，新たに雇用をするか，IT ベンダーに要員の派遣を依頼することになる。しかし，日本の IT 技術者の多くは，IT ベンダーに所属

しており，新規雇用になると待遇面，特に給与面でのハードルが高く，良い人材を採用することは容易ではない。

　また，ITベンダーに要員派遣の依頼をした際，ITベンダーが十分な人的リソースを有しているとは限らず，新たなITベンダーを探すなどの対応が必要となり，同様に，長期間を要する可能性も存在する。そのため，ITシステムの再構築，システム統合のプランの作成に向け，ITベンダーが十分なリソースを供給できる体制を有しているかについて，外部情報を基に調査することも必要になる。

　なお，カーブアウト案件においてITベンダーを買主側のITベンダーに切り替えるということがある。そのような要件がある場合，ITシステム関連のドキュメントの整備状況を確認しておくことが必要になる。

　IT関連のドキュメントは，改変作業が追いつかず整備がなされていないことがある。また，それでもドキュメントが残っていればよいが，すでに存在しないということすらある。そのため，確認作業になると，全ドキュメントを取り寄せ，記述内容のハイレビュープロセスを行うことになる。

　買主が当該意向を有していた場合，調査・分析プロセスの早い段階でドキュメントの開示依頼を出し，ドキュメントの整備状況を確認した上で，再整備が必要であれば，デューデリジェンス報告書にその旨を記載し契約条件に盛り込み，ITベンダー切り替えまでに整備することが必要になる。

事例▶ 製造業の買収案件⑦

　ある製造業の買収案件で，調査を実施した結果，ITシステムの運用について親会社に大きく依存しており，当該ITシステムに関する知見が対象事業内にまったくないことが判明した。基本的には，親会社に作業委託を出せばよかったのであるため，当然である。そのような状況下において，親会社の支援を受けられなくなることは，ITシステムが継続できないに等しい状況を意味していた。そのため，TSA項目に，親会社が有するドキュメント資料の開示，作業における協力義務の条項を盛り込んだ。また，親会社が契約する外部業者の紹介も実施するよう

依頼し，親会社のITシステムを保守していた担当者を対象事業の担当者に割り当てるといった対策を講じ，ITシステムの運用に必要な知見を補完することで，ITシステムの運用継続ができないという最悪の事態を回避することに成功したのである。

　ITシステムを動かすには膨大な知見が必要となる一方，バックオフィス業務の効率化施策の一環として，ITシステムの運用業務が，親会社，またはITベンダーに大きく依存していることは少ない。特にITベンダーについては，費用を払えば契約を継続できるという考えをとりがちだが，システムエンジニア不足となっている昨今，必ずしも要員の手当てが図れるとは限らない。そのため，ITデューデリジェンスを実施する中で，当該リスクを検知した際は，リスク回避に向けてどのような方法が取り得るか，また不足している情報は何かを早急に整理した上で，M&A契約実施前に，より確実な担保策を講じることが不可欠になるのである。

（6）　IT関連契約

　ITベンダーとの契約において重要な点は，対象事業を継続するために，ITベンダーとの契約更改がどのような範囲で発生するかを見極めることにある。多くの場合，ITベンダーとの契約条件には，資本関係に関する条項が盛り込まれており，関係会社の資本比率が51%を下回った場合，契約条項の範囲から外れ，新たな契約の締結が必要となるというものが多い。

　その際，売主を含めたボリュームディスカウントが実施されている場合，カーブアウトに伴う支払金額の増額等の影響が発生する。特に基幹システム，設計関連システム（CAD，CAE等）は，ユーザ数が多い割に，1ユーザ当たりのライセンス費用も数十万円後半〜数百万円に及び，ディール・ブレイクの一要素になる可能性が高いため，注意深く調査することが必要になる。

　また，ITベンダー契約を棚卸した際，当該契約条件についても確認が必要である。運用保守を実施しているが，実態として作業がほとんど発生していないにもかかわらず，固定費を支払っていることも少なくない。また，ERP等のパッケージライセンスについては，他社と比較した場合，異常に高い金額で契約を締結していることもある。それらについては，契約更改の可能性も含め，調査することが必要になる。

事　例　製造業の買収案件⑧

　ある製造業の買収案件で，当初売主保有のITシステムが多く，カーブアウト時のインパクトが大きいということでITデューデリジェンスを実施した。調査を進め，担当者の話す話と前提条件がかみ合わない。クロスボーダーで現地事務所を使っていたこともあるが，理解がおぼつかない。その状態で中間報告を迎える。その時点ではカーブアウトに伴うコストが莫大になることで，ディール・ブレイクの可能性を参加者全員が危惧していた。ところが，担当者に再度ヒアリングしたところ，オーナー欄に誤って使用者を入力していたことが発覚した。裏を取るため，追加依頼した開示資料と照合すると，確かに所有者は対象事業そのものであることが判明した。当初，最大の論点と思われていたITシステムは，まったく問題がないことが判明したのである。

　IT関連契約の確認においては，契約書のコピー等，裏付けになる資料が重要になる。しかし，契約書の開示は量が膨大であり，対象事業側でも管理がずさんで対象を特定できないことも多い。そのような場合，固定資産台帳の確認による裏付け，法務チームとの連携による情報開示の促進を図るなどして，少しでも正確な情報を入手しながら作業を進めていかなければならない。

（7）　IT運用費用

　IT運用費用は事業規模によりまちまちであるが，その費目には様々な情報が隠れていることが多い。そのため，IT運用費用の確認は，明細レベルでの確認・

分析を実施するとともに，単に過去にさかのぼるだけでなく，将来において，IT 運用費用がどのように推移するかといった情報を詳細に把握することが必要になる。

①　過去実績

　グローバルに事業を展開するようなケースでは，関係会社の IT 運用費用の総額は把握できるが，詳細な費目は現地法人に任せており，把握していないという状況も多く存在する。

　そのような管理体制自体が M&A において問題であるが，実際に何に，どの程度の費用をかけており，その費用は事業規模に対し適正であるかを，他社とのベンチマークを実施し，評価することが必要になる。

　また，過去数年間の運用において急激に費用が増加，または減少するようなことがあれば，その変動の発生理由を明らかにし，再発防止，または継続するための恒久的な対策がとられているかを確認することが重要になる。そして，その場合，地域，法人別はもちろん，費目別に数値を分解した上で分析を実施しなければならない。それらを時系列に並べた上で，突出した動きをしていないかを注意深く確認しなければならない。

　例えば，クラウド型サービスを利用しているケースでは，IT 運用費用が増加傾向を見せることが少なくない。クラウド型サービスの利用は，IT システムの初期構築額を抑えることができる代わりに，IT 運用保守費用がその分高めになるためである。一方，IT システムが単に老朽化している場合，運用保守費用が高額になることも十分にあり得る。

　両者のいずれが原因かを数字上で特定するには，IT 投資額の推移を確認すれば，ある程度の傾向を読み取ることができる。そのため，IT 運用費用の増加傾向がみられた場合は，費用上昇の可能性を多角的に分析した上で，裏付け調査を行うことが必要になる。

132

このように，IT 運用費用の増減が起きていた場合，数値の動きから推測できる仮説を構築した上で，Q&A で裏付けをとるなどして，表面上の資料からは得られない情報を読み取ることが重要になる。

IT システムの運用費用を整理する際，実務上は，償却費の償却期限を押さえることが重要になる。IT システム再構築後の IT 運用費用を計算しようとした場合，減価償却費がどのように逓減するかを計算するために必要なためであろう。そのため，M&A 後の P/L を作成する際，減価償却がいつ完了するかを細目ごとに把握し，IT システムの再構築などの追加投資により発生する償却額を合わせて再計算しなければならない。また，仮に構築したばかりの IT システムを再構築しようとした場合，会計上の除却処理が必要になり，事業計画に対する反映が必要になるため，その把握は不可欠といえる。しかし，会計上管理されているはずなのに，IT システムに関わる減価償却費の明細提出を求めた場合，不思議と情報が出てこないことが多い。そのような場合は，財務チームが開示依頼する会計データを入手した上で，細目を特定し，どのように償却費が推移し，逓減するかを正しく把握する必要がある。

②　将来予定

前述のように，IT デューデリジェンスの結果は，事業計画に反映され，買収価格の算定に影響する。そのため，IT 運用費用がどのように推移するかを正確に押さえることが必要になる。

まず，調査段階で判明した IT 運用費用を細目レベルで整理する。その中で，M&A に伴い投資を中断する IT 投資から発生する費用に対し，調整作業を実施する。また，同様に，IT システムの再構築に伴う費用を調整することになる。

例えば，カーブアウトに伴い IT システムを再構築する場合，再構築に伴う費用の変動，具体的には新たな IT システムになり，既存システムの運用が不要と

なり減少する金額，および新たにITシステムを構築することで発生する金額を加味し，将来のITシステム運用費用がどのように推移するかを描くことになる。

　ITシステムの再構築が加わった場合，事業規模によってはその影響は数億円にも及び，ディール・ブレイクの要因ともなるため，注意深く計算を行う必要がある。

Check!　根拠の必要性

　IT運用費用を算出する際は，すべての細目について増減額を反映していくことになる。その際，ベンチマークの値を多用するわけだが，算定根拠は明確に記載する必要がある。M&A実施後，ポストM&Aフェーズでは，デューデリジェンスで算出した金額がスタート台となり，作業が進む。デューデリジェンス実施時，どんなに注意を払っても，金額がずれてしまう細目が必ず存在する。その際，どのような理由で当該金額を算出したかの説明を求められるのだが，数十行に及ぶ細目の算出根拠を覚えていることは困難である。そのため，算出の前提条件，計算式をすべてまとめておくことが重要である。

---

4 ┃ ポストM&Aの要件と論点

（1）　ITシステムの再構築方針

　M&A案件の特性，買主の意向を踏まえ，ITシステムをどのように再構築するかの方針を検討し，ITシステムとしてどのような姿を目指すべきかを報告書に記載する。当該方針の詳細を買手が示すことはできないため，ITチームとして他社事例を参考に，対象事業の規模，業態に合わせた形を検討することになる。アプリケーションは，それぞれ作り直すべきか，継続させるのかを定める

ことになる。またその他にも，IT 組織はどうあるべきかなど，IT システムの方向性を決定付けるすべての要素に関し方向性を網羅的に記載しなければならない。

　この際，対象事業のビジネスをどのような姿とするかといった側面にも配慮しながら検討を進めなければならない。対象事業の方向性に対し，補うべき IT システムとは何か，という観点で記載をまとめることが必要になる。

（2）　アプリケーション構成

　対象事業のビジネスパフォーマンスを左右する最も重要な検討になる。

　IT システムの老朽化が発生しているのであれば，バージョンアップし，使い続けることがよいのか，または作り変えてしまうのがよいかを検討する。また，スタンドアローン化のために IT システムを再構築するのであれば，パッケージシステムが適合するのか，また適合するとすれば，どの IT ベンダーのものが最適か，他社ベンチマークを基に検討する。当該作業は，他社の情報をどれだけ保有しているかでその精度が変わる。そのため，時にはスポットで，業界の専門家をアサインし，業界の方向性，同業同規模の企業のシステム構成などを参考に検討しなければならない。

　IT システムの統合を視野に入れている場合，IT システムの最適解とは何かを検討する。IT システムはただ統合すればよいものでなく，バックオフィス系システムは統合してスリムにするが，フロント系システムは買主の IT システムと対象事業が保有する IT システムを比較し，シナジー創出の観点で最適なものはいずれか，または新たなシステムを再構築すべきかを検討する。本検討においては，買主側の IT 責任者の参画は必須である。デューデリジェンスで作成した方針はその後，数年間に及ぶ IT 投資を決定付け，その予算に縛られるためである。

　数千億円規模の買収案件ともなると，当該検討を集中的に実施する。そして，

様々なネットワークを活用し，対象事業の IT システムの詳細情報を収集しながら，買主の IT システムとの取捨選択を実施する。

　本作業だけで 2 週間以上の期間を要するし，その後の費用的な観点も合わせると 1 か月近くの期間をかけて情報を分析することになる。

　以下，業種別の主要な論点について解説する。

（ⅰ）　小売・流通

　小売・流通は，物流・購買システムに特徴があり，その統合は容易ではない。また，IT アーキテクチャーとしても，昔ながらの作り込みが多く存在する。そのため，会計システム，および人事システム等のバックオフィス系システムの統合を中心に検討を進めることになる。

　一方，シナジーの創出という点では，品目マスターの統合は避けて通れない論点である。調達コストの削減を図るために，品目コードの共有化は不可欠である。また，クロスセルを実施する際，コード体系がバラバラでは管理が煩雑になるため，その統合が必要になる。

　そのため，品目マスターをどのように一元管理し，関係システムに配信するか，また，その結果を BI システム等で分析した場合，どのような機能が必要になるかを集中的に検討することが重要になる。

（ⅱ）　製 造 業

　製造業においては，多くの場合，バックオフィス系の IT システムは統合し，生産系システムは既存の IT システムを継続利用する方針を立てる。問題になるのは，生産系システムとの統合をどのレベルで実施するかである。例えば，商品がほとんど同じでも，生産の流れが違えば，工程の考え方も原価の捉え方も変わってしまう。そのため，慎重にシステム機能の範囲を捉えることが必要になる。

　また，当該分野では，IoT，AI といったデジタルテクノロジーを活用した取り組みが盛んである。そのため，IoT プラットフォームとの接続性，エッジコ

ンピューティングとの機能分担なども含めた検討が今後は必要になると考える。

(iii) 金融・保険

　金融ビジネスにおいては,IT システムがビジネスそのものの原動力となりつつある。そのため，IT システムは統合することを前提に考えなければならない。また，金融業界の IT システムは，ビジネスの変化に追随すべく，SOA（サービス指向アーキテクチャー）を取り入れ，アジャイル指向型の開発を実施していることが多い。そのため，ESB（エンタープライズ・サービス・バス）などを使っていて，ある程度の柔軟性を有していることが多いが，その中でも，マスタデータ，特に契約データの扱いについて議論になることが多い。理論上，IT システムは統合できたとしても，膨大に存在するデータを統合することが困難なのである。そのため，データ移行をどのように実現するかを慎重に吟味した上で，IT システムの姿を描くことが不可欠になる。

(iv) サービス・IT

　サービス・IT 系は，個々人の活動管理が重要になる。また，ヒトが最大の資産になるため，人材・スキルマスターの統合が重要になる。そのため，当該マスターの統合をシステム上実現しようとした場合，人材・スキルマスターの統合による影響範囲がどの程度に及ぶかを見極めた上で，統合案を描かなければならない。

（3）　ネットワーク構成

　構築したアプリケーション構成を支える上で，必要になるスペックを有するネットワーク構成を検討する。特に買主ネットワークとの統合では，データセンターの統合，ネットワーク基盤の統合などが論点になる。

　物理的なサーバーを管理するサーバールーム，データセンターは，BCP の観点でも，最適な設備を有する環境に設置することが望ましく，また費用の面でもデータセンター統合によるトータル費用の圧縮を目指すことになる。

　特に，AWS 等のクラウドサービスに切り替えることで，IT システム運用費用の変動費化を図ることは，財務的なインパクトも大きく検討すべきテーマといえよう。

　例えば，オーストラリアのデータセンターにサーバーが保管されているとして，そのサーバー類を日本に移設すべきか，オーストラリア・データセンターの契約を更改し，継続利用するべきか，といった具合である。

　また，その検討を行うに際しては，ハードウェアの物理的な移動の可否，および移設に伴う IT のサービスレベルに対する影響等を勘案し，判断をしなければならない。

　特に，海外のデータセンターを国内のデータセンターと統合しようとした場合，ハードウェアの移設，ネットワークの改修なども含めると，数年の期間と数億円以上の費用が発生してしまう。

　なお，ネットワーク基盤は，情報化ビジネスに欠かすことのできないビジネスインフラ基盤を構成しており，企業ごとのポリシーに合わせて独自のプライベートネットワーク環境を構築することで，企業内の複数の拠点のコンピュータ同士を結びデータのやり取りをする WAN（Wide Area Network）や拠点内のコンピュータ同士を結ぶ LAN（local Area Network）により，情報ネットワークを構成している。他にも，インターネットを経由して，パブリック環境との連携を行い，クラウドサービスやメールなどのコミュニケーションツール，Web サイトの閲覧など，業務に欠かせない情報インフラ基盤として利用されている。

　ネットワークを再構築する際においては，情報系のネットワーク，インターネット接続のためのゲートウェイネットワーク，音声系のネットワークなどの論理ネットワーク構成および各ネットワーク機器で構成される物理ネットワーク構成を考慮し，使用目的に合わせて，ネットワークの再構築をすることが重要になってくる。ポスト M&A においては，売主側の独自のプライベートネッ

トワーク構成を買主側の独自のプライベートネットワーク構成に片寄するのか，事業目的を鑑みて，部分的な接点を構築し相互接続性を図るのかなど，再構築のバリュエーションは，複数考えられる。また，その際のセキュリティ方式やアクセスレベル制御なども同時に考慮することが必要になることから，利便性・経済性等の整理も含め，取り得るオプションについての検討を十分に図ることが重要である。

そのため，デューデリジェンス実施中，ネットワーク移設に伴う要件が顕在化した際は，上記検討を行うために必要な情報開示と，買主側チームでの十分な検討が必要になる。

（4） IT要員の構成

アプリケーション/ネットワークの運用保守を支えるために必要になるIT組織の構成を検討する。

カーブアウトに伴うITシステムの再構築が必要な場合，IT要員の不足が論点になる。前述のように，短期間におけるITシステムの人材採用は困難になるため，買主側のIT担当者の出向，ITベンダーの活用を検討することになる。

また，ITシステムの将来像に対し，現在のIT要員のスキルセットが不足する場合も，同様に人材補強の検討を進めることになる。

一方，ITシステムの統合案件の場合，残存人員の選定と，余剰人材の扱いが論点になる。ITシステムを統合した場合，多くのケースではITシステム運用保守の人員数は省力化するので，余剰人員が生じる。

そのため，他部署（営業が多い）に回す，早期退職を勧めるなどの対応をとることになる。その際，ITシステムの統合により，不要となるスキルを有する担当者は誰か，その担当者は新たなスキルを必要とする環境に対応できるかも含めた検討を行う必要がある。

具体的に誰が，どのような対応をすべきかを考えるためにも，IT担当者のスキルの棚卸をデューデリジェンス実施中に行っておくことが重要になる。

5 ┃ アクションプランの策定

　デューデリジェンスにおける最終的なゴールは費用算出である。しかし，費用がいつ，どのタイミングで発生するかを明らかにするためにも，また，その費用自体を見積もるためにもアクションプラン，つまり WBS（Work Breakdown Structure）を明らかにしなければならない。以下ではその詳細について解説する。

（１）　IT領域のアクションプラン

　IT 領域のアクションプランを作成する際は，クロージング対応とポスト M&A 対応に分けて検討を行うのが通常である。クロージング対応は，会社名変更，契約更改作業等であり，ポスト M&A 対応は，各種システム再構築，業務統合等である。これら各タスクを計画していきながら作業を進めるのであるが，いくつかの論点が存在する。

　まず，そもそもであるが，デューデリジェンスにおいてクロージングをいつ行うかが明確でないことが多い。ある意味，デューデリジェンスはクロージング日程を交渉するための情報収集の場でもあるためである。そのため，デューデリジェンス後半になると大まかな日程が確定することが多い。デューデリジェンス実施中は，買主と調査方針の摺り合わせをするとともに，クロージングとして，いつのタイミングを想定しているかを確認することが必要になる。

　クロージングの日程が定まった後は，事例等を基に各タスクをプロットし，タスク間の依存関係を調整する。この際，２つのことを考慮しなければならない。それは，①買主，対象事業，売主の役割分担と，②対象事業のIT 担当者，ITベンダー，売主側のIT 担当者のリソースである。

　クロージング対応，ポスト M&A 対応においては，様々なタスクが発生する。クロージング対応においては，売主が責任を持ち対象事業を独立させることが原則である。一方，スタンドアローン化対応については，クロージング後

は，買主がそのポスト M&A も見据え，その責任において実施するのが通例だ
が，案件によっては，売主が責任を持つとする場合もある。そのため，当該役
割分担をどのように設定すべきかを確認することが必要になるのである。

　この際，対象事業の担当者，IT ベンダー，売主側の担当者のリソースに配慮
することが必要になる。

　この作業の主役は，対象事業の担当者である。しかし，M&A に伴う様々な作
業が並行して進行する中，現有リソースですべての作業を委託することはでき
ない。その場合，IT ベンダーに対する作業委託も視野に調整を行う。しかし，
会社としてどのような IT システムとするかという意思判断は，対象事業の担
当者しか行えない。

　そのため，実際の作業においては，対象事業の担当者が，様々な検討に振り
回され，工数の確保が思うように進まず，作業が停滞することも珍しくない。
そこで，関係者をどの程度，当該作業に振り分けることができるかを見極める
ことはスケジュールを作成する上で，極めて重要になる。

　また，IT ベンダーは，「依頼すれば専門家をすぐ派遣してくれる」と考えがち
である。

　この点，本当に派遣が可能かを見極める必要もある。M&A に伴う企業間統合
ともなれば，数百人単位のプロジェクトとなることも珍しくない。問題は，近
年 M&A 自体が増えており，統合プロジェクトが重なることがあるということ
である。その場合，IT ベンダー側も人材を用意することができないという事態
も生じうる。そこで，各タスクを精査する中で，IT ベンダーとしてどこを活用
し，その際の規模感とともに，他社統合案件等の大規模プロジェクトの実施有
無などを調査し，タスクの伸長をコントロールすることが必要になる。

　売主側の担当者は，対象事業の IT システムの機能について様々な情報を
持っていることが多い。そして，残念ながらそれらの情報はドキュメント化が
不十分なことも多い。そのため，M&A に伴うシステム再構築では，売主側の IT
担当者の協力が不可欠になる。

　また，ネットワークの切り離し等においては，売主側のシステムにも影響が

及び，様々な作業が発生することになる。

　この作業の認識自体が売主側にないことも多く，クロージング前後で想定外の作業遅延が生じることが多い。そのため，デューデリジェンスにおいて，ITシステム構成の大枠がわかったタイミングで，売主側のリソースをどの程度投入することができるかを可能な限り早期に確認し，売主側の意識付けと，リソース確保を図らせることが重要になる。

（2）　他領域とのアクションプランの整合

　アクションプランの検討は，業務領域ごとに立案されることが多い。一方，ITシステムはビジネスの基盤ともなるため，広範囲にその影響を及ぼす上に，構築には時間がかかるなど制約条件も多い。特に統合案件においては，各業務領域での検討事項が多岐にわたるため，ITシステム領域との整合はカーブアウトに比べて，一層不可欠になる。以下，代表的な論点について解説する。なお，図表4-5下部の太枠部分は，他の業務領域と整合を取りながら進めなければならない作業を示している。

（i）　営　　業

　営業領域で問題になるのは営業所の再編である。M&Aシナジー創出の主要テーマの1つは，営業組織の再編による効率化と販売力の強化である。同業を営む事業の買収によるチャネル獲得を目的とした場合，事業所の統廃合はわかりやすい効果を創出できる。同一の都道府県，市区町村内に営業所を構えていることが大半であり，同営業所を統廃合することで，コストの削減と，顧客カバレッジの拡大が可能になるためである。

　そして，当該要件はITシステムの再構築，特にネットワークの再構築に直結する。

　2つの事業所をいずれかの事業所に寄せるのであれば，影響は非常に軽微で済むが，実際はキャパシティーの問題から新たな事業所を借りて引っ越す必要が生じる。その場合，ネットワーク回線を新たに敷設し，既存ネットワーク網

142

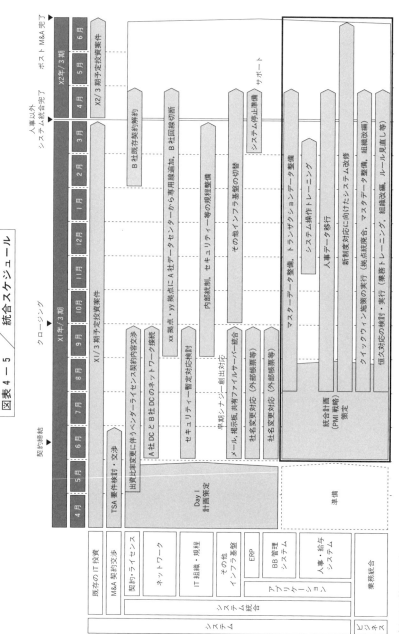

図表 4 － 5 ／ 統合スケジュール

（出所：弊社作成）

に参加させなければならない。

　想定作業としては簡単なのだが，問題はネットワークの回線工事に 3 か月以上かかることである。通常，ネットワーク回線の工事は見積り取得から実際の切り替え作業までの時間が必要になる。通常の拠点増設であれば大きな問題とならないが，M&A のタイムラインではそうはいかない。営業拠点の統合は，クロージングに伴う新社名の発表と合わせて，新たな営業体制の確立を対外的にアピールするためのまたとない機会であり，経営上，非常に重要なイベントなのである。それが，ネットワークの工事が間に合わないので遅れる，というのは経営陣からすれば受け入れることのできない話である。

　そのため，ビジネスチームで当該テーマを扱っていた場合，IT デューデリジェンス内でも当該リスクを取り上げるとともに，買主の経営陣に十分理解させる必要がある。

　また，統合案件において大きな問題になるのが，顧客マスタコード，品目コードの統合に関わる事項である。営業活動を一緒に行う際，これらマスタデータの統合は避けることができない。一方，これらマスタデータは，名称が微妙に違うなどの問題で簡単に統合することができない。そのため，拠点の統廃合と同様に，IT デューデリジェンス内で当該リスクを取り上げるとともに，必要に応じ，マスタデータを開示要求し，事前照合を実施し，必要になる期間と想定負荷を報告することが必要になる。特に，顧客マスタの統合には，その顧客との取引条件の調整も必要となるため，営業部門と連携して進める必要がある。

(ii) 購　　買

　購買領域の最大の関心事は，集中購買の早期実現であろう。営業拠点の統合と同様に M&A シナジー創出に欠くことができない一大テーマである。集中購買実現において，購買システム，在庫管理システムの統合に目がいくが，多くの場合，これらはそれほど容易ではない。特に在庫管理システムは棚割りの考え方に関係し，業務的なインパクトが大きいためである。

そのため，まずは品目コードの統一と，これら情報を一元的に管理する経営分析ツールの導入が現実的な選択肢になる。

しかし，品目コードの統一といっても，型番と呼ばれる業界統一コードが付与されていれば別だが，付与されていなければ地道な作業が待ち受けている。また，経営分析ツールの構築はその要件定義に難航することが多く，時間がかかるのが通常である。そのため，当該システムの再構築に必要になる期間や想定リスクについても，十分な考察を加えるとともに，経営陣の十分な理解を得ることが必要になる。

(iii) 経理・財務

経理周りでは，会計システムの統合，およびそれに伴う会計プロセスの統合が論点になる。

まず，最も大きな論点になるのは，勘定科目体系の統合である。

しかし，勘定科目体系はビジネスそのものであり，その統合は容易ではない。また，会計システムは通常，他の関係システムと自動連携しているため，会計システムの切り替えに伴って他の関係システムの改修も必要となり非常に時間がかかるため，費用に見合わない投資になる。

そのため，財務会計の視点だけでなく，管理会計の視点も合わせた上で，経営陣に対し，対象事業を含む横串管理の実現と，それによってもたらされるビジネスメリットを提案することが必要になる。

また，顧客マスタの統合と同様に，仕入先コードの統合も取引条件の調整が必要となるため，購買部門との連携が必要となる。

一方，財務諸表の作成は，法令要件ともなるため必達事項になる。問題は，連結会計実現のための暫定運用方法と，その作業負荷が経理部門として許容できるレベルなのかである。そのため，負荷軽減を図るためにITシステムとしてどのようなサポートが可能かを検討することが必要になる。

(iv)　人　　事

　人事領域では，人事システムの統合がテーマとなった場合，その統合タイミングが問題になる。人事システムの統合は，すなわち人事制度の統合を意味する。そのため，いつ人事制度の統合ができるかが問題になる。

　M&Aによる人事制度の見直しは重要テーマである。一方，人事制度の統合は，"不利益変更の禁止"要件があり，扱い方を誤ると，社員の離反等の様々なトラブルを招いてしまう。そのため，数年間の期間をかけて実行するのが通例である。

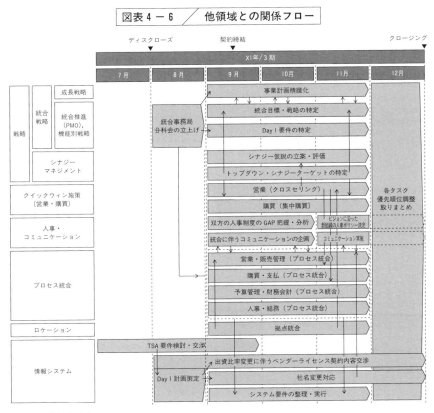

図表4－6　他領域との関係フロー

（出所：弊社作成）

そのため，クロージング時点では売主保有システムをコピーして使用し，数年後の人事システム統合作業時に人事制度変更を受ける社員数などの影響の大きさを人事チームと共有しながら整合したスケジュールを構築しなければならない。

（3） アクションプランにおけるリスク分析の重要性

アクションプランの実行にはリスクが付き物である。ヒト，モノ，カネといった軸でどのようなリスクが内在するか，そのリスクを回避するために何をしておくべきか，買主の経営陣として覚悟しておかなければならない点を示すことが重要である。

① カ　ネ

ITシステム再構築には，オーバー・スケジュール，オーバー・バジェットが必ず付きまとう。そのため，当該事態を招く恐れがあることを列挙し，対策をまとめることが必要である。特に，過去ITシステム導入で多額の費用をかけたシステムは比較的，ユーザフレンドリーな作りになっていることが多い。そのため，ITシステムを簡素に短期間で再構築しようとすれば，業務ユーザの反発，要件の肥大化が起こりうることは容易に想像がつく。

② モ　ノ

ITシステムの主役はアプリケーションであるため，あまりピンと来ないかもしれないが，ハードウェアの調達がリスクになるケースは多く存在する。近年，クラウドコンピューティングの進展により，その調達が不要となりつつある。一方，大多数の企業は情報セキュリティー上の問題から，自社資産としてハードウェアを保有し運用する方針としている企業が大多数である。そのようななか，ハードウェアを調達しようとした場合，最低でも３か月のリードタイムが必要になる。物凄いスピード感で物事が進むなか，その調達がうまくいかず，スケジュール遅延のリスクを負うことがある。そのため，このような物理的な

モノの調達についても十分注意する必要がある。

③ ヒ ト

　最後に，"ヒト"がポストM&Aにおいてリスクになることが非常に多い。対象事業，または買主の人員の工数確保についてはすでに述べたが，もう1つ，ITベンダーのリソースについても十分な注意が必要である。例えば，数千億円規模のM&A案件のITシステム統合になると，IT業界でもその専門的な知見を有する専門家は限られるので，一気に人材が枯渇してしまう。

　実際にあった話だが，競合企業がITシステムを刷新している間にM&A案件が発生してしまい，業界の人材が枯渇し，ITシステム統合，シナジー創出期間の変更を余儀なくされたことがあった。

　このような事態を広く俯瞰した上で，発生しうるリスクに対し，的確な対応策を検討するとともに，当該リスクを金額換算し，バリュエーションに盛り込むことが必要になる。

6 ｜ バリュエーションの実施

（1）　M&Aにおけるバリュエーション

　M&Aにおいて，バリュエーション結果は買収価格という意味で重要になる。買収価格の算定の多くは対象事業がこれからどの程度の利益を稼ぎ出すことができるかで決まるためである。その際，一般に使われる指標はEBITDAである。

　図表4－7はEBITDA算出に必要になる財務調整項目である。
　ITデューデリジェンスにおいても，EBITDAを算出するために，調整項目と

図表 4－7 ／ プロフォーマーP/L（補正値を加えた後のP/L）

(百万円)

	X1/3期	代理店手数料	集中購買離脱	小計	製造部門間接人員	物流費	研究開発費	管理部門人員	マーケティング部門人員	IT投資に係るコスト	その他コスト	小計	X1/3期
総売上高	729.2	－	－	－	－	－	－	－	－	－	－	0	729
総売上高（補正）	－128.4	－	－	－	－	－	－	－	－	－	－	0	－128.4
純売上高	600.8	－	－	－	－	－	－	－	－	－	－	0	600.8
売上原価	－293.6	－	－120	－	－50	－	－	－	－	－	－	－50	－513.6
売上総利益	307	0	－120	0	－50	0	0	0	0	0	0	－50	87
販売費及び一般管理費	－	－	－	－	－	－	－	－	－	－	－	0	0
物流費	－	－	－	－	－	－25	－	－	－	－	－	－25	－50
広告宣伝費	－79.8	－	－	－30	－	－	－	－	－	－	－	0	－109.8
研究開発費	－	－	－	－	－	－	－	－	－	－	－	0	0
人件費	－	－	－	－	－	－	－	－90	－20	－	－	－110	－220
その他一般管理費	－	－	－	－	－	－	－	－	－	－50	－3	－53	－106
営業利益	227	0	－120	－30	－50	－25	－	－90	－20	－50	－3	－238	－399
減価償却費	14.6	－	－	－	－	－	－	－	－	－100	－	－	73
EBITDA	242	0	－120	－30	－50	－25	－	－90	－20	－150	－3	－238	－326
営業利益率	38%												－66%
EBITDAマージン	40%												－54%

（出所：弊社作成）

してどのような値を提示する必要があるかを明らかにしなければならない。

（2） ITデューデリジェンスとバリュエーションの関係

ITシステムにおけるEBITDA調整項目としては，M&Aに伴うシステム再構築等によるITシステム運用費用の増減影響が主になる。

なお，システム再構築に伴う減価償却費については，EBITDA自体が償却費を考慮しないため，バリュエーションという観点では問題とならない。ただし，システム再構築に伴い投資資金が必要になるため，本件とは別にキャッシュフローという意味では抑える必要がある。

① 一次投資費用と償却費

（i） 概　要

費用算出においては，まず一次投資費用を算出する。

　一次投資費用については，前述のようにキャッシュフローにインパクトを与える。また，IT システムの運用費用は，システム開発費用の何パーセントという割合で決まることが多く，運用費用の増減を導くためにも，当該算出がまず不可欠になる。

　なお，EBITDA という点では使用しないが，対象事業の P/L を作成する上では，IT システムに関わる減価償却費の額は必要になるため，その算出を行うことになる。

(ii)　一次投資費用の算出

　IT 投資額の算出にはベンチマークを使用することを推奨する。場合によっては，開発規模を基に算出することもあるが，算出根拠を問われた際にも説明ができるよう同業他社のベンチマークを使用する。この点，短期間で当該作業を実施するには，どれだけ同業他社，ベンダー製品ごとの再構築指標を有しているかが重要になる。

　また，ベンチマークは参考情報にすぎないため，IT システムの状況を基に，実際に IT システムを再構築したらどの程度の期間，リソースの投入が必要かの想定を置き，検証および調整する作業も必要になる。そのため，Q&A 時には，IT システムの複雑性などの情報を十分収集し，分析しておくことが重要になる。

②　M&A後の運用費用

(i)　運用費用の増減項目

　運用費用の費目としては，IT ベンダーに対する費用，人件費の増減，そしてEBITDA 調整の枠外になるが，IT システム再構築・プロジェクト停止に伴う償却費の増減がインパクトを与える。

　既存 IT 運用費用の中でも減少する費用の計算は難しい。新たな費目に関する計算は，デューデリジェンスの中でも目立つため気を使うのであるが，既存IT 運用をやめたことによる影響というのは漏れやすい。

150

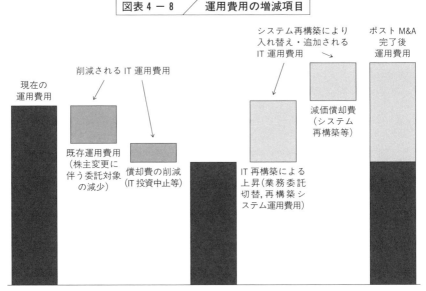

図表 4 － 8 ／ 運用費用の増減項目

（出所：弊社作成）

　例えば，売主に委託している IT システムの業務委託のうち，IT システムの再構築部分のみを削るといった場合，その減額がいくらになるかという要素が欠ければ，IT 運用費用の算出を行うことができない。そのため，デューデリジェンス開始時点から，どのような事態が想定されるかを考えた上で，M&A 後の運用費用を算出するために必要な要素を漏れなく収集しておくことが必要になる。

(ii)　ITシステム運用費用の算出

　IT システム運用費用は構築費用の割合で決まるため，IT システム再構築費用を算出した上で，その比率（ベンチマーク）を使用して計算する。

　ベンチマークといってもパッケージシステムとスクラッチ開発では運用保守費用の比率は異なり，パッケージシステムでもベンダーごとにその比率は異なるため，専門企業が有する指標や専門家の知見を活用することを推奨する。

7 ┃ 他のデューデリジェンスとの連携

（1）　財務デューデリジェンス

　IT デューデリジェンスとの関係では，老朽化対応，スタンドアローン化対応を行うことにより，財務数値にどのような影響を及ぼすかを反映させる必要があるため，様々な算出結果について連携することが必要になる。特に，IT システム投資によるキャッシュインパクト，IT システム運用費用の増減，償却費の増減について，発生タイミング等の前提を置いた上で，算出結果について財務デューデリジェンス側と連携し，EBITDA 調整額として反映することが必要になる。

（2）　税務デューデリジェンス

　IT デューデリジェンスとの関係では，財務デューデリジェンス同様，スタンドアローン化を行う等，M&A に伴う資産の増減に伴い，課税額に対する影響が懸念されるため，IT デューデリジェンスの算出結果等の情報の共有が必要になる。

（3）　法務デューデリジェンス

　IT デューデリジェンスとの関係では，IT ベンダーと対象事業の契約書類を分析し，当該内容に不利益条項が存在しないか，また過去のプロジェクト等における訴訟の状態を把握することが必要になる。

　特に，ベンダーとの契約は，M&A 実施後，名義人の変更に伴う契約更改が必要になるが，開示資料も膨大になるため，法務チームとの間で密接な連携が必要になる。

　また，本領域に関わる話として特許権等の事項を扱うことがある。

　具体的に，アプリケーションのソースコード，ドメイン名称などであり，こ

れらも必要に応じて法務的な見解が必要になるため，開示情報については法務チームと連携しながら分析を進めることが必要になる。

その点，他のデューデリジェンスとの関係でいえば，最も密接な連携が必要になる。

（4）　ビジネスデューデリジェンス

ITデューデリジェンスとの関係では，ITシステムが企業のビジネス基盤として非常に重要な地位を占める現在,ITシステムがビジネスの成長の足かせになるリスク，およびビジネスを加速させるために必要になる投資とは何かを明らかにし，その結果，売上，収益力の向上にどのように寄与することができるかについて連携することになる。

特に，デジタルマーケティング等の領域においては,既存のITシステムがどのようなデータを保有し,活用できるかを問われることが多く,アプリケーションの構成機能だけでなく，保有するデータの種類，構造を明らかにした上で,ビジネス上どのような価値を有するかの評価までが必要になる。

（5）　オペレーションデューデリジェンス

ITデューデリジェンスとの関係では，ITシステムは様々なオペレーションを支える基盤として機能していることが多く，例えば，事業カーブアウトに伴い売主側に一部業務委託を実施するようなケースにおいては，2つのシステムを使用することによる業務上の工数負荷をはじめとする様々なインパクトを明らかにする。そのため,ITデューデリジェンスの検討結果,およびオペレーションデューデリジェンスの検討結果については，両チームにて情報を共有するとともに，M&A後のITシステム，およびオペレーションモデルがどのように変化していくかを明らかにし，その費用インパクトを共同して算出することが必要になる。

（6）　人事デューデリジェンス

　IT デューデリジェンスとの関係では，情報システム部員の人件費が運用費用に連動するため，情報システム部員の要件につき人事チームと密な連携をとりながら，運用費用の増減を算出することが必要になる。

　なお，人事デューデリジェンスでは様々な情報が開示されることが多く，人事給与計算，勤怠管理等を行う人事系システムに関わる情報が含まれて開示されることがある。そのため，人事チームとは，システムに関連する情報が開示された場合，連絡をもらえる等，内部的な運用を定義し，情報連携を図ることが必要になる。

第5章

デューデリジェンス以降の ITの変革
──ITトランスフォーメーションの実務

1 契約交渉の実務

(1) 契約交渉の目的とITの契約交渉の実施スコープ

契約交渉においては，デューデリジェンス等の一連の過程で合意されてきた内容を基に，対象事業の譲渡に関わる様々な要件について契約書の文章レベルで確認し，合意することになる。

最終合意契約におけるITシステムに関連する留意点，最終合意契約以降のクロージング期間に，Day 1以降のサービス契約であるTSA（トランジション・サービス・アグリーメント）について論点になるため，その詳細を解説する。

(2) 最終合意契約

① 最終合意契約の概要

最終合意契約とは，SPA（Stock Purchase Agreement：株式譲渡契約），DA（Definitive Agreement：最終契約）と呼ばれるものであり，売主と買主の双方が，M&Aにより期待どおりの結果を保証するための契約手続きである。そのため，SPAにはディールの概要，対象エンティティ，事業範囲をはじめ，様々な条件を記載する。その上で，内容の合意形成手続きを実施し，サインすること

により，売買契約が初めて成立することになる。

② 最終合意交渉におけるITの位置付けと実務

　最終合意交渉において IT チームとして気をつけなければならないことは，当然ながら，契約書上記載がない事項に対して法律上の効力は発生しないため，IT デューデリジェンスの報告書に記載した内容が SPA または DA でカバーされているかである。そのため，当該契約書面のドラフトが作成され，各アドバイザーに対する回覧が始まった際は，関連するドキュメントのすべてに目を通しておくことが不可欠になる。

　IT 資産に関しては，売り手は，ディール開示前にシステムの継続利用をライセンスベンダー，システム保守運用会社などの第三者と売却後の継続契約について確認することが難しいため，譲渡資産を網羅的に記載することができない場合が多い。この場合は，事業継続に必要な IT 環境を維持するために必要な対策をとることを保証するなどの記載が入っていることを確認する。

　この文書は法務アドバイザーも確認するため，大きく漏れることはないが，IT の専門家ではないことから記述内容の勘違いによる確認漏れが発生する可能性がある。

　また，契約書の中で著作権等の権利に関する整理を別に行うことがある。IT システムに関連するところでは，プログラミングソースの活用と転売の禁止条項，社名，ロゴ等の商標に関する制限的使用許諾に関する条項である。

　買い手が自社開発したシステムの転売の禁止条項が交渉の論点になることがあるため，デューデリジェンスのタイミングで対象の有無を確認することが望ましい。また，商標上の扱いについても注意が必要である。特に，社名やロゴ等が，対象事業が使用する PC のデスクトップに表示されていたり，アプリケーションソフトの中に埋め込まれていたりする。当然ながら，使用制限がかかっている場合，対象事業の譲渡後は，社名やロゴ等の使用も制限されるため，削

除するなどの対応が必要となる。

　これらは通常，主管部門が総務や法務となるが，IT システムの改修作業・期間にも大きく影響を与える。

　クロージング要件に社名やロゴ等の変更を含めた IT システムの準備についての記述が入っていることもあり，ディールによって様々な契約項目に関わっていくことになる。そのため，売手，対象事業の特徴など，IT システムの移行を成功させる上で何を記載すべきか，法務アドバイザーと十分協議をしながら検討を進めていくことになる。

（3）　TSA（トランジション・サービス・アグリーメント）の交渉

①　TSAの概要

　TSA とは「Transition Service Agreement」の略であり，クロージング期日までに，対象事業の分離，移管に必要な作業が完了しない場合，その作業完了までの期間，売主からの事業継続に必要なサービスを継続利用できる条件を記載した契約書である。TSA については，最終合意契約に記載されるが，期間や契約内容，費用に関する記載粒度はディールの開示されている関係者，クロージング期間によって異なる。最終合意書に含めるべき情報と，最終合意後にクロージング期間の TSA 締結作業で整理する情報，交渉内容についてあらかじめ法務アドバイザーと確認しておく必要がある。

②　TSAにおけるITの位置付けと実務

　IT との関係でいうと TSA は非常に重要になる。IT システムの改修，再構築には数年の期間を要することも多い。そのため，当該期間における IT システムの利用許諾を売主から得ておくことは不可欠になる。また，IT システムの再構築，契約更改作業において，対象事業だけで対応することは困難なことが多く，売主側の協力事項なども記載することになる。

　TSA のシステム利用継続について，外部ベンダーのライセンスを利用してい

る場合，ライセンサーからの継続利用の許諾が取れることが前提となる。ライセンサーとの契約については，売手が交渉をすることになるが，新規ラインセンスの購入など利用条件に影響を与える点であるため，買手も検討に参画し，状況を把握することが望ましい。TSA のシステム利用継続についての論点は，第 8 章セラーサイドのデューデリジェンスに記載する。

　また，システムの継続利用について気をつけなければならないのは費用である。対象事業がグループ会社から外れた場合，グループ会社向けのボリュームディスカウントの利用ができなくなるなど，業務委託費用の値上げが発生することもある。この点については，デューデリジェンス期間中に，ボリュームディスカウントが利用できない場合のディスシナジーを含めた TSA 期間中の費用について確認する必要がある。

　TSA はトランジションが完了するまでの契約ですが，トランジション期間中に，システム移行を順次行い，IT 資産のライフサイクルも資産ごとに設定されているため，一斉に TSA 期間の終了を迎えるわけでない。このため，TSA 期間中にシステム移行が終わるもの，資産のライフサイクルが終了するものなど，アイテムごとの途中終了の条件が含まれていることを確認する。売主事由で生じた IT システムのバージョンアップ等の事由が生じた場合も，値上げは買主側の許諾なしには行えない等の条項を盛り込むことが必要になる。

　これら交渉は，法務アドバイザーと連携を図りつつ，法律家では対応できない専門的論点についてサポートを行うことが必要である。

2 ┃ クロージング対応の実務

(1) クロージング対応の概要

　クロージング対応期間において最も重要なことは，クロージングを確実に実

現することにある。M&A においては，契約を締結するだけでなく，対象事業
が買手のもとで新たな事業として成立しなければ意味がない。そのため，クロー
ジングに向けた様々な作業を実施することになる。また，この期間の難しさは，
単にクロージング準備をするだけでなく，クロージング後に実施するスタンド
アローン化対応，およびポスト M&A（バリューアップ対応）の準備も同時並行
で進めなければならない点にある（図表 5－1）。クロージング時点で対象事業
の継続が担保されるのは大事なことであるが，デューデリジェンス期間に描い
た事業像を実現しなければ，買収価格に見合う事業価値を創出できないためで
ある。以下において，クロージングにおいて必要となる実務内容について解説
する。

図表 5－1／システムに関する全体スケジュール

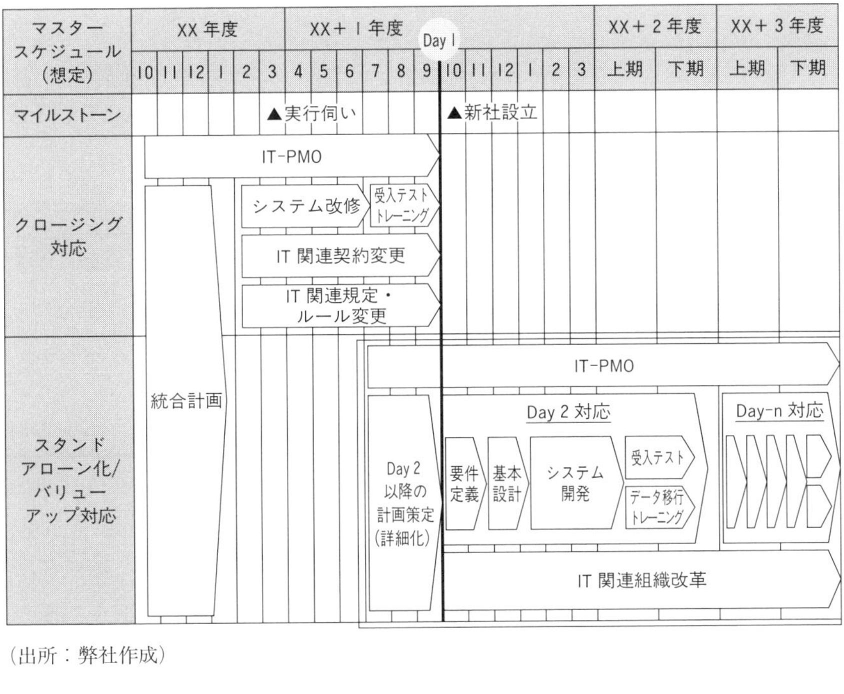

（出所：弊社作成）

（2） デューデリジェンス期間とクロージング期間の違い

　契約締結が完了すると，売手・買手の双方から，社内・社外に対するプレスリリースが行われる。そのため，様々な情報が開示され，様々な関係者が続々とアサインされ，分科会の立上げが始まる。分科会といってもその種類は多く，通常10程度の分科会が立ち上がることが多い。

【代表的な分科会と検討内容の例示】

新商品開発・マーケティング
商品開発に関わる研究開発内容，著作権といった内容が議論される。特に，買手としては対象事業における次の商品をどのように開発，市場展開していくかといった議論も併せて行われる。

営　業
対象事業を展開するための営業チャネルの引継ぎ，営業拠点の統廃合に向けた議論がなされる。特に，クロージングに向けてスムーズに引継ぎを行うために必要なステップなども議論される。

購　買
対象事業において必要となる様々な資材の購買チャネルについて議論がなされる。特に，仕入商品に関わる契約更改をスムーズに行うために必要なステップなども議論される。

生産・物流
対象事業が生産機能を有する場合，その生産をどのように実施するかの議論がなされる。営業，購買と関連し，集中購買の実施，営業倉庫の統一などがある場合，物流も大きな影響を受けるため，その切り替えに関わる議論が

なされる。

事業企画

　対象事業に関し，デューデリジェンス期間中，様々な情報開示がなされるが，詳細な情報までは開示されないため，買手側で事業を実施した場合の計画について議論される。

経　理

　クロージング後，対象事業を新会社とする場合は，勘定科目体系をどのように扱うかに始まり，経理業務をどのように実現するかについて議論がなされる。また，多くの場合，クロージング後も，売手側に対して財務情報を提供し，売手側の決算処理を実施するため，その際，どのような作業が必要になるかについても議論がなされる。

人　事

　クロージングに向けては，様々な人事上の手続きが必要になる。そのため，それら作業を円滑に実施するため，必要な作業の洗い出しが行われる。また，従業員に関わる情報（社員名簿はもちろん，過去の評定結果）として何を引き継ぐかについても議論がなされる。

総　務

　対象事業が有する様々な資産について，実務上どのように切り替えるかの議論がなされる。また，クロージングにおける対象事業の社名切り替えに関わる一連の作業について議論がなされる。

法　務

　デューデリジェンス期間中，契約関連の様々な情報開示がなされるが，すべての契約書が開示されるとは限らない。そのため，関連する契約書の開示

を要求し，デューデリジェンスさながらに対象事業の譲渡に必要な作業について議論がなされる。

ITシステム

デューデリジェンス期間中，財務・法務同様に情報開示がなされるが，概要レベルの情報開示に留まることが多い。そのため，詳細情報の開示を要求するとともに，デューデリジェンスで整理したクロージング，ポスト M&A に向けた作業が議論される。

そして，これら各分科会において，売手，対象事業，買手の三社間における作業が開始される。クロージングが成立するまでは対象事業は売手の持ち物ではあるが，様々な情報が開示される。そのため，デューデリジェンス期間に資料やヒアリングで確認した内容について，それらだけではわからなかった様々な詳細が明らかになり，膨大な量の情報が飛び交うことになるのである。そのため，デューデリジェンスさながらの作業が展開することになる。

以下では，クロージング対応の実務について記載する。

（3）　クロージング対応におけるITシステムとの関係

デューデリジェンスとクロージング対応における違いとしては，M&A 案件のプレスリリースとともに，IT ベンダーに情報開示ができるようになる点が大きい。今まで，関係書類と限られたメンバーで議論していたレベルから，実務を理解するベンダーを加えての検討ができるようになる。ただし，ベンダーが数社ならまだしも，その数が数十社に及ぶことが多く，状況説明だけで時間が過ぎるのが通常である。

そのような状況下，既存の IT システム運用保守に加え，クロージングに向けた作業が始まるため，売主・対象事業の IT 担当者はいきなりの激務にさらされることになる。IT システムは事業を継続するためには不可欠な機能であるため，限られた期間でどのように最低限必要な準備を進められるかが重要となる。

（4）　クロージングに向けた実務

　繰り返しになるが，契約締結後は，様々な情報の開示が進むようになる。そして，ITシステムにおいては，特に，実際の運用担当者やITベンダーに対する確認作業ができるようになる。まずは，デューデリジェンスより得た現状のシステム環境，構成をもとに，対象事業の売手とDay1時点で準備するべきシステム構成の大方針について検討し，ビジネス部門と方向性について合意することである。Day1システム構成を考える際のステップは，対象事業と他事業のIT環境の依存度の理解し，そのうえで，Day1までの限られた期間の中で，必須対応とできたらいい対応との優先順位付けを行うことである。

　一般的に，対象事業と他事業のIT環境の依存度が高いほど，ITセパレーションが複雑で時間がかかる。子会社買収のようなケースにおいては，子会社として独立したIT環境，システム構成を持っている場合もある。現在の依存度を加味したうえで，Day1までの必須対応するべきことを買手，およびビジネス部門と合意する。Day1までの対応について，以下に論点別に記載する。

①　会計システム対応

　対象事業の会計システムが売手の会計システムに依存している場合に問題となる論点になる。対象事業が会社として成立する場合，法人としての財務諸表の出力は，その存続要件になる。そのため，クロージングまでに会計システムを準備し，財務諸表を出力できるようにしなければならない。また，買手グループに加わるのであれば，連結会計の要件にも対応しなければならない。その点，対象事業が法人格を有しており，そのまま買収したような事案においては，セキュリティー上の問題がなければ，前述のTSAにより売手会計システムを継続利用し，連結会計要件としてのみ対応することになる。連結会計要件といっても財務諸表を出力した後，連結実施までに運用対応すればよいことが大半であり，ITシステムとしての対応は発生しないことが通例である。しかし，事業カーブアウトの案件においてはそうはいかない。というのも，対象事業は，売

164

手法人内における 1 つの事業であるため，専用の会計システムを保有していないことが多い。そのため，クロージングまでの期間で，会計システムを用意し，財務諸表を出力できるようにしなければならないのである。場合によっては，売手側の会計システムに会社コードを追加し，間借りするなどの対応策も必要になる。このような事案において，会計システムの準備は，クロージング要件ともいえるため，確実に立上げを行うことが不可欠になる。

なお，この作業において勘定科目体系の見直し等が議論になることがあるが，勘定科目は既存のものを使用し，見直しには手をつけないことを推奨する。買手側の経理としては連結会計を見据えた場合，統一した勘定科目体系は実現したいところである。しかし，勘定科目を変更するということは，同時に，対象事業におけるカネ管理に手を入れることに他ならない。それでなくても勘定科目は，経理以外の担当には扱いづらいのに加え，それを変えることはクロージング後の事業の混乱を助長しかねない。そのため，当該要件が持ち上がった際は，連結会計実施に不可欠な要素にとどめ，クロージング対応，ポスト M&A 対応として行うよう先送りをすることを強く推奨したい。

まずは Day 1 でどのような会計システムを持つ方針とするか，買手・売手，経理部門と検討し，認識合わせ，合意することがクロージングをスムーズに行うカギとなる。

②　社名変更対応

クロージングの前後，多くの場合，対象事業の所有者の変更に伴い社名変更が発生する。その場合，外部向け帳票，メールアドレス（ドメイン名）等をクロージングまでに変更しなければならない。当然，社名変更の影響について，デューデリジェンス期間中もその調査を実施するが，IT ベンダーが参画できないため，不確定要素を含んでいるのが通常である。そのため，この時点で本格的な影響調査，およびシステムの改修作業などを実施することになる。

社名変更といっても，前述のようにわかりやすいものも存在するが，その他

にも，PC 内のデスクトップ背景，スクリーンセイバー，パワーポイント等のテンプレートなども含まれる。対象の特定は多岐にわたるため，売手が IT ベンダーに見積りを依頼した際，すべての作業が想定期間内に収まればよいが，クロージング期間を超えてしまう場合も存在する。そのため，Day 1 までに社名変更対応が必須なもの，例えば，顧客影響がある請求書・納品書に限るなど，優先順位付けをし，対応方針を決めることが必要となる。具体的には旧社名を表示しても許容できる業務か，また作業負荷が多い業務かといった軸で優先順位を決めることを推奨する。

　また，帳票類の変更は得意先・取引先の連絡が不可欠になるため，営業，購買担当者との間でその打ち合わせを実施する。一方，ホームページの表示，メールアドレスの変更については総務と関係部門との打ち合わせを実施する。

③　データ要件の整理

　対象事業を継続させていく上では，IT システムに登録されている，登録されていないを問わず，様々なデータが必要になる。

　以下に，参考までに，代表的なマスタデータを列挙する。

- 営業（得意先マスタ，納入先マスタ，請求先マスタ，営業チャネル，需要家マスタ，等）
- 購買（仕入先マスタ，仕入単価マスタ，支払条件，等）
- 生産（品目マスタ，部品構成マスタ（BOM），工程マスタ，手順マスタ）
- 人事（組織マスタ，権限マスタ，社員マスタ，等）
- 会計（勘定科目，原価センタ，利益センタ，等）

　そして，これらマスタデータに紐付くトランザクションデータについても，その用途に応じて，対象事業に引き継ぐことが必要になる。例えば，事業継続していくクロージング後，新商品を早急に発売したいと考えた場合，原材料の仕入価格はいくらで推移してきたか，といった情報が必要になる。

　ところが，これらのデータが IT システムに登録されているかというとすべてが登録されているわけではないことが多い。そのため，データの要件を整理

した上で，担当者の PC 内，共有サーバ内，加えて，紙媒体のデータに至るまでを網羅的に洗い出すことが必要になる。

そして，カーブアウトの事案などで問題となるが，法務的な観点でデータを継承させることで問題がないかのチェックを実施する必要がある。わかりやすい例でいえば個人情報保護であるが，顧客のユーザ ID 等の情報を引き継ぐことは法務的に問題がないか，ある場合はどのような手立てを講じればよいかを法務分科会を交えて議論することになる。

また，これらデータはいつ必要となり，具体的な手順としてどのように作業を進めるかの設計も必要となる。事業は常に動いているため，そこから生まれるデータも常に更新される。極端なことをいえば，クロージングの当日までデータの更新が発生する可能性がある（実務上は，クロージング直前の数日は業務を停止することが多い）。その場合に，大量に存在するデータをどのタイミングで移管するかを早期のタイミングで検討し，対応方針を明確化した上で，関係する分科会において共有しておくことが，全体の作業を円滑に進める上で，極めて重要になる。

以上，3 つの主要タスクについて紹介をしたが，実際は案件の性質に応じ，ネットワークの改修など様々な作業が発生する。そのため，クロージング後も，事業を継続するためにはどのような作業が必要か，過去の案件や，他社事例を参考に漏れがないよう作業を進めることを推奨したい。

（5） クロージング対応における留意点

クロージング対応の目的は，対象事業の所有者が変更する中，事業を確実に移管する点にある。そして，当該作業は，M&A の成立要件になるため，原則として売手責任の下，対象事業の担当者が主に実施することになる。一方，買手としても対象事業がどのような形で譲渡されるかは関心事であり，後続で発生するスタンドアローン化，ポスト M&A 対応にも大きく影響するため，その参画は必須であるともいえる。そして，対象事業のメンバーは，クロージングま

で売手事業として事業を継続させなければならない一方で，新たな雇用主の顔色もうかがいながら作業を進めることになる。そのような難しい利害関係が錯綜するなか，クロージング対応を成功させるため，弊社の経験上重要となる代表的なポイントを 3 点ほど紹介したい。

①　ITシステム関連費用コントロール

　クロージング対応は，売手と対象事業が主体的に作業を進めることになるのが原則となる。一方，対象事業は，譲渡後は買手に帰属することに加え，クロージング要件の必達が求められるため，IT システムに関わる費用管理がルーズになりやすい。そして，対象事業が当該費用を支出した場合，債務がクロージング後も対象事業に帰属し，結果，対象事業の事業価値を毀損することにもなりかねない。そのため，IT システムの対応として，何を実施し，どの程度の費用をかけるかについては，買手も参加して吟味しながら進めなければならない。この点，厳密には買手はオブザーバー的な位置付けであり，最終決定権を有しないことが多いが，対象事業の事業価値を守るためにも，"言うべきことは言う"というスタンスを貫くことを推奨する。その上で，デューデリジェンスで試算した予算内にどのように収めるかを三社間で協議していくことが必要になる。

②　クロージング対応のスコープ調整

　M&A を成立させるためには，IT システムのクロージング要件は必ず達成させなければならない。しかし，クロージング対応の検討を進める中，どうしてもポスト M&A を意識し，勘定科目体系の見直しなど，その要件が拡大しがちである。しかし，この作業において何よりも大事なことは，対象事業を買手の下で事業として継続させることにある。そのため，各分科会から上がってくる要件は尊重しながらも，一覧化し，優先度を明確にしながら最低限必要な作業に絞っていくことを推奨する。

③ ポストM&Aとの整合

M&Aの本質は，その後のポストM&Aにおいて，デューデリジェンス時に設定した数値・スケジュールを確実に実現し，対象事業の事業価値を最大化する点にある。そして，これら方針は買手企業のメンバーが主導して検討していかなければならない。しかし，現実には，クロージング対応は非常に短期間に作業を完了させなければならず，目先の対応にとらわれがちになる。特に，日本企業において顕著だが，クロージング対応を理由に，ポストM&A対応を疎かにするケースが散見される。しかし，M&Aの目的は，対象事業を手に入れることでビジネスをより発展させ，収益性を向上させる点にあるのであり，対象事業を会社として成立させることではない。

そのため，極端にいえば，手続きの延長であるクロージング対応は，それらの業務に手慣れたコンサルティング会社に任せてしまい，対象事業の事業価値を最大化するために何をすべきか，というポストM&Aに向けた準備に人員を割き，対象事業の将来について議論を深めることを推奨したい。繰り返しになるが，ITシステムは事業価値，事業のパフォーマンスを左右する重要な要素であるため，この点だけは，決して取り違えないよう留意が必要である。

3 ┃ ポストM&Aの実務

（1） ポストM&AにおけるITシステムとの関係

ポストM&Aのフェーズにおいては，大きく2つのタスクが発生することが多い。1つは，対象事業が売手の組織・規則・ITシステム等に依存していた場合，それらを切り離すためのスタンドアローン・タスクである。もう1つは，M&A実施で狙う事業価値の創出に向け，対象事業を買手の望む形に変えていくバリューアップを図るタスクになる。

これら2つのタスクとITシステムの関係であるが，ITシステムによって業

務プロセスが決まる現在，IT システムにより事業の姿，つまり対象事業の価値が大きく左右される。そのため，IT システムをどのように構築するかは M&A の成功に向けて極めて重要である。しかし，残念ながら，多くの案件においては，クロージング後も売手 IT システムを使用しており，そのスタンドアローン化対応に焦点が集まりがちである。確かに，TSA による IT システムの利用はその期間が限定されるため，IT システムのスタンドアローン化は必達条件といえる。しかし，M&A において本当に重要視すべきは，対象事業の価値をどのように維持または向上させるかにあり，その点を取り違えてはならない。

　そのため，以下においては，ポスト M&A において陥りやすいポイントに焦点を当てながら，解説を行う。

（2）　スタンドアローン化に向けた実務

①　スタンドアローン化に向けた基本方針の明確化

　スタンドアローン化においては，まず基本方針の策定と，関係者に対する周知を行うことを強く推奨したい。スタンドアローン化において重要なことは，売手と合意した TSA 期間内に，売手 IT システムへの依存を解消することにある。そのため，当該対応においては何を目的として，何を達成すべきかを関係者の間で認識を統一させる必要がある。具体的には，再構築が必要となる IT システムの顔ぶれ，事業を継続する上での制約事項を整理した上で，関係者を一堂に会し認識を合わせる作業が必要になる。

　この際，スタンドアローン化において重要となる点は，売手 IT システムへの依存を解消することであり，業務パフォーマンスを向上させることではないということを強く意識させることが重要である。TSA は IT システムの継続利用を保証するが，その期間は限定される。そのため，TSA 期間終了後，IT システムが利用できなくなり，事業の継続が困難になる事態だけは避けなければならない。また，IT システムの再構築に関わる費用はデューデリジェンスのバリュエーションに反映されているため，その枠を超えることは許されない。

　その点，クロージング対応における考え方と同じではあるが，どうしても，

"IT システムを再構築する"と聞くと、"せっかくなのでこんなことも実現したい"という形で、様々な要件が積み上がる傾向がみられる。そのため、繰り返しとなるが、スタンドアローン化の目的は売手 IT システムへの依存の解消であることを関係者に強く意識付け、徹底させることが重要になるのである。

② システム構築手法の検討

基本方針を示した後、次にすべきは、具体的にどのように IT システムを再構築するかの検討である。IT デューデリジェンスの実施時、費用算出の前提として、IT システムの再構築手法としてどのような手段が最適かについて検討することになるが、限られた期間、情報の中では十分な検討ができていないことが多い。そのため、IT ベンダーに対する提案依頼などを通じて、最適な IT システム像を鮮明化することが必要になる。

当該作業は、できることならクロージング対応フェーズで実施することを推奨したい。IT ベンダーに対する見積依頼は、準備も含めると数週間から数か月の期間が必要になる。一方、スタンドアローン化対応に割くことのできる時間は限られているため、前倒しできる作業は少しでも早く実施すべきだからである。

また、IT ベンダーに対する見積り依頼を提出する際は、必要最小限の機能に留め、余計な機能は提案しないよう依頼しておくことが重要になる。繰り返しになるが、優先すべきはスタンドアローン化の実現であり、余計な機能を提案してもらっても、双方の時間の無駄である。また、提案依頼の内容がシンプルであればあるほど、IT ベンダーの見積提出期間を短くさせることができる。そのため、スタンドアローン化に最低限必要な IT システムとは何かを見極めた上で、必要最低限の提案依頼を提出すべきなのである。

さらに、IT システムの再構築手法として、売手が認めているのであれば、売手保有システムをコピーして、同様の環境を再現することを推奨したい。もちろん、事業規模や権利の問題から、この方式を必ず採用できるとはいえないが、

短期間に低コストで確実にスタンドアローン化を実現するためには，最適な手法といえる。

③　システム構築の実施

　ITシステムの再構築においては，基本方針を盾に，業務ユーザからの要望は無視し，とにかく動くITシステムの構築に注力すべきである。極端なことをいえば，帳票が出力できなくても，ITシステムで蓄えたデータを基に，エクセルで帳票が再現できる状態であればそれで十分といえよう。ITシステムの構築において，追加開発の数が少なければ少ないほど，ITシステム稼働の成功確率は高くなるためである。

　一方，ITシステム機能を削減するということは，業務の非効率化を招いてしまうリスクを内在している。しかし，ITシステムが稼働しないリスクよりも，一時的な非効率を招いたとしても，確実に動くITシステムを構築することのほうがはるかに重要であると考える。また，そのため現有の人員では業務が回らないのであれば，派遣社員の活用，売手社員の派遣も視野に入れた業務プロセスを構築することが求められる。また，非効率化の恐れがある業務については，アドバイザーの意見を聞きつつ，暫定業務を設計して対処していかなければならない。

　ITシステムの構築において，その機能を簡素化したとしても，新システムで必要になるデータ量が膨大であると，機能構築と同様に膨大な期間と費用が必要になる。その点，データ移行についてもシステム構築と同様のアプローチが有効になる。

　つまり，すべてのデータを移行させていたのでは間に合わないなら，諦めてしまうのである。ただし，データは業務そのものであり，また法令要件も関係するため，その切り分けは容易ではないが，業務的な重要性とデータ整備の容易性等の軸を設け，対象を絞り込むことが必要になる。当該データが不足する状態でシステムを稼働させることはできない。そこでITシステム機能同様，暫

定運用を設計・実行することで，業務の継続性を保証する仕掛けが必要になる。そのためにも，業務ユーザを早期に巻き込み，最低限必要なデータと後でもよいデータを切り分け，最小限のデータ準備に留めることを推奨したい。

　なお，スタンドアローン化においては，順次 IT システムの稼働が行われるため，業務ユーザに対してもストレスを与えることになる。そのため，アドバイザーから他社事例などを入手しながら，事業に対する影響を最小化しながら進めていくことが重要になる。

④　スタンドアローン化対応におけるまとめ

　繰り返しとなるが，スタンドアローン化対応で重要なことは TSA 期間の順守である。そのため，前述のように IT システムは極力簡素化し，最低限の機能を実現することを目指すべきである。

　ただし，IT システム機能を簡素化しようとすると，業務ユーザからの反発は避けられない。そのため，IT システムの進捗会議に役員クラスに出席いただき，その場で必要性を判断するなどの体制を整えることを推奨する。

　また，期間を重要視するあまり，予算超過を起こしては本末転倒である。そのため，デューデリジェンス実施時に定めた予算を基準とし，項目別に費用がどのように変遷したかを厳密に管理しながらスタンドアローン化に最低限必要な機能を確実に構築しなければならないのである。

第6章

テクノロジー
デューデリジェンス

1 | ソフトウェア・エコノミーの出現

　2011年，マーク・アンドリーセンは『Why Software Is Eating the World』の中で，新しいタイプの企業の出現について述べている。

　ソフトウェアを販売するのではなく，ソフトウェアで差別化を図りながら，書籍販売，エンターテイメント，マーケティングなどのレガシー・ビジネスを破壊する，新しいタイプのソフトウェア企業の出現である。その後，新しい技術系企業の波が押し寄せ，Amazon や Google，Netflix のような企業が，何十億ドルも資金を集めて成長しており，今や，あらゆる業界で新興技術系企業が急成長している。

　我々は，ソフトウェアを主要な競争差別化要素として使っている企業を「ソフトウェア・エコノミー」と呼んでいる。

　典型的なソフトウェア・エコノミーには，3つのタイプがあり，ソフトウェア・エコノミーはこれらの3つのタイプを横断したエコシステムを形成し，事業拡大を図っている。

　1つ目は，インフラストラクチャー・ソフトウェア企業であり，これらはエンドユーザーに直接ではなく，主にシステムプロバイダーや企業の開発部門などに対してサービスを行っているような企業である。例えば OS，ミドルウェア，ユーティリティプログラムのようなソフトを扱っている事業者が挙げられる。アマゾンウェブサービス（AWS）や，マイクロソフト（Azure），アップル（iOS），Oracle，IBM（WebSphere），ブロードコム（Symantec）などが該当する。

　2つ目はアプリケーション・ソフトウェア企業である。これら企業はカスタマーに特定のビジネスやエンドユーザータスクができるようにソフトウェア販売やライセンス提供している。ソフトウェアは，エンタープライズ・ソフトウェアやコンシューマアプリケーションに更にブレイクダウンでき，これらの例としては，SAP や Salesforce，Slack，HubSpot，Dropbox，Skype などが該当する。

　3つ目は Tech Enabled サービスである。これらは，自社でソフトウェアサービス，オンラインサービスなど運営している企業であり，ソフトウェアを活用した事業を行っている企業や SaaS 企業がこれらに属する。例としては，Udemy のような Ed Tech，ブルームバーグのような Fintech 情報サービス，他にも Uber，Airbnb など，多くの企業が該当する。これらの企業は，必ずしもソフトウェアを販売しているわけではなく，ソフトウェアで差別化を図り，従来のビジネスモデルを破壊することができる企業を指す。

　本章冒頭で触れた『Why Software Is Eating the World』の中で，マーク・アンドリーセンは，実際には前述の3つ目の Tech Enabled サービスの企業群について述べている。世界最大の書店は Amazon であること，世界で最も急成長しているエンターテインメント企業が，ソフトウェア企業の Netflix であること，世界最大のリクルート企業が LinkedIn，そして，世界最大のマーケティ

ング企業である Google について語っている。

　これら企業は，ライセンスを提供したりソフトウェアを販売している企業ではない。Google の収益の98％は広告から得ており，LinkedIn は求人広告や人材募集広告から収益を得ている。Netflix は，映画やテレビ番組，エンターテインメントを販売している。Amazon は書籍販売が祖業だが，ソフトウェア以外のあらゆるものを売っており，AWS でインフラサービスも提供している。

　これらの企業は1つ目，2つ目のソフトウェア企業と非常によく似ており，数千万行のコードベースを持ち，多くのソフトウェア開発者を抱えており，ソフトウェア開発部門や R&D 部門はマーケティング部門やセールス部門と同様に重要なポジションを占めている。

　近年，日本においても，経産省が積極的に DX（デジタルトランスフォーメーション）を推進しており，あらゆる業種でソフトウェアが活用されるようになってきている。各々の事業の中で顧客をサポートしたり，競争優位性を確保したりするために，ソフトウェアを事業に活用せざるをえない状況となっており，伝統的な産業においても，自社でソフトウェア開発を行い，ソフトウェアをビジネスの中で効果的に活用していくことが多くなってきている。

　例えば，自動車産業においては，車の設計概念はモデルベース開発となり，PLM，MES 等で設計・生産の効率化が図られ，インカー（車の内側）領域においては IoT によって多くの機器がセンサーによって繋がれ，PLC（Programmable Logic Controller）や車両制御ソフトウェアで統合制御されており，アウトカー（車の外側）領域のモビリティサービス等と繋がるなど，付加価値がソフトウェアに移行しており，ソフトウェアの世界で激しい競争が繰り広げられている。

　エネルギー産業においては，スマートグリッドや IoT，スマートホームデバイス普及の増加により，エコシステムがいち早く構築されており，これら IoT，スマートグリッドを繋いで最適化し，エネルギー産業以外の産業も含めて統合

176

的なサービスや情報を提供するソフトウェアの重要性が高まっている。

　金融サービスにおいては，顧客により親しみやすい優れた UI/UX を持つウェブサイトやモバイルアプリが今やサービスの重要なキーコンポーネントになっており，顧客をつなぎとめるための重要な要素になっている。より若い世代のコンシューマーにとっては，今や，ソフトウェアが金融機関との主要なタッチポイントになっている。

　医療関連セクターでは，患者や医療機関，製薬会社，自治体などへ遠隔健康医療相談，オンライン診療，服薬指導，治験，創薬，未病・予防医療や食・栄養など関連サービスを提供する動きが起きており，消費材・小売関連セクターでは e コマース・プラットフォームや D2C テクノロジーへの投資，工業関連セクターではサプライチェーン・テクノロジーやサービスへの投資を積極的に進めているなど，あらゆる業種で企業がより効率的に，より自動化された方法で製品やサービスを提供するためにソフトウェア・テクノロジーを利用していこうとしていることは明らかであり，セクターにかかわらず，ソフトウェア・テクノロジーを理解し，使いこなすことの重要性が増してきている。

　これまで多くの日本企業では，ソフトウェアを SIer などの外部ベンダーに任せて作ってきたが，ソフトウェアを競争差別の源泉とするためにインハウスにしていく動きが出てきている。そうすると，顧客（エンドユーザー）に対峙するプロダクトを作るソフトウェア開発部門のケイパビリティを更に上げることが非常に重要になってくる。

　自社で製品・サービスを開発していくにあたり，対象製品・サービスの市場戦略や，製品戦略策定，いざ製品・サービスを作る際の開発プロセスの遂行能力，そして開発組織の能力や技術者のスタッフィングなど，事業計画の実現可能性を自社でマネージできるようになる必要性があるためである。

　また，ソフトウェア・エコノミーへ投資し，彼らの技術・ケイパビリティを獲得し，テクノロジーを軸に自社のビジネスモデルを変革することも増えてきている。ソフトウェア・エコノミーの市場規模や競争優位性の評価，そして価

値算定をするためには，これら製品・サービスの機能特性や差別化要素，技術アーキテクチャ，開発チーム，開発プロセスや，イノベーションがどのように行われているか，どのようなリスクがあり，何が変えられるか，何がコントロールできて，何ができないかを見極める必要がある。

いわば製造業への出資を検討する際には製造現場をデューデリジェンスするのと同様に，ソフトウェア・エコノミーへの出資を検討する際には開発現場をデューデリジェンスする必要性が高まってきているのである。

2 テクノロジーデューデリジェンス（Tech DD）と伝統的なビジネスデューデリジェンスとの違い

Tech DD は，収益を産み出すソフトウェア，製品やサービスの差別化要素となっている，いわゆる，ソフトウェアに強味のある企業のトランザクションに特化した DD である。

ソフトウェア・エコノミーへの投資を検討するとき，あるいは，デューデリジェンスを考えるときの，伝統的なビジネスデューデリジェンスとの大きな違いは何であろうか。

(1) 大きな3つの違い

① TAMの考え方

第一に，ソフトウェアの TAM（Total Addressable Market：アドレス可能な市場）についてである。TAM を考えるとき，例えば，消費財メーカーのように，各ベンダーが同じ製品を作っていて競合するような状況はない。ソフトウェアの場合は，ソフトウェア・エコノミーの特性を踏まえ，まったく別の次元でTAM を考える必要がある。

ソフトウェアの場合，物理的な生産設備，販売拠点，物流網などを必要とせず，ソフトウェアの中だけビジネスモデルを構築できる。自分でコードを書き，

開発するだけで製品・サービスを構築することができる。ベンダーにアウトソースし，ベンダーが対象企業のために製品やサービスを構築することもできる。Microsoft Power Apps や Force.com のようなプラットフォームを使い，その上に製品・サービスを構築する，あるいは，必要な機能を備えた市販の専用アプリケーションを購入することもできる。各技術レイヤーで，多くのベンダーからソリューションを選択したり，他サービスと連携することができる。

　ソフトウェアの場合，多次元的，さまざまな方法で市場を定義することができるので，例えば，同一セグメントのベンダーの TAM を市場と定義するのか，顧客セグメント別の販売市場の総和と，ビジネス上の課題を解決するためのソリューションの集合体を TAM として市場規模の試算することもあれば，アプリへのユーザー 1 人当たり年間支払い額から TAM を試算することも考えられる。したがって，市場規模や競争環境についての考察は，非常に複雑なものとなる。

② ソフトウェア・エコノミー特約のコスト構造の理解
　第二に，ソフトウェア・エコノミー特有のコスト構造を理解した評価が必要となる。
　ソフトウェア・エコノミーは，粗利率が非常に高い。以前は，ソフトウェアのオリジナル版の開発には，多額の費用がかかっており，ソフトウェアは物理的なテープ，CD で配布されていたため，CD を焼くコストや郵送料，コンシューマー向けソフトウェア企業であれば物流コストもかかっていた。のちに，ソフトウェアのダウンロードが始まり，配布やロジスティクスに係るコストは実質的に無料となった。今日の SaaS の世界では，売上総利益率が80％台半ばまで下がってきた。経常収益の一部を顧客のインフラ運用に充てるからである。パブリッククラウドであれ，データセンターであれ，毎月のソフトウェア提供のためにコストがかかるようになっている。

③　終わりがないということ

　第三は，ソフトウェア開発には終わりがないことである。5 年以上の中長期で設計を変更する自動車などと異なり，ソフトウェアは製品・サービスそのものが，常に進化している。典型的なソフトウェアでは，毎年メジャー・リリースがあり，数カ月ごとにマイナー・リリースがある。定期的にバグを修正しているし，SaaS の世界では頻繁に新機能が追加される。ソフトウェア製品を常に進化させなければならないため，研究開発費，またはソフトウェア開発に係る人件費は，売上総利益率が高い一方で，かなり高額になる。

（2）「技術負債」という概念

　そして，ソフトウェア・エコノミーのデューデリジェンスをするときに大きな課題になるのは，技術負債という概念である。投資家が最も心配するのは，あるソフトウェア資産を取得したときに，同時に技術負債をも抱えることである。技術負債とは何か？　世の中にはいくつかの定義があるが，いわば繰延メンテナンスのようなものと考えられる。家を買ったり，ビルを買ったりすると，多くの場合，繰延メンテナンスが発生する。屋根はいつか取り替えなければならないかもしれないし，空調システムは交換しなければならないかもしれないし，基礎は崩れているかもしれない。

　このような隠れた問題があり，これらは負債の一種ではあるが，貸借対照表には表れない。つまり，貸借対照表に載っている金融負債とは異なり，これは自分では気づかないうちに負っている債務で，貸借対照表のどこにも表示されないため，これらを特定して定量化するのは非常に難しい。すべてのソフトウェアには技術負債がある。もしソフトウェアを完璧に作り上げたとしたら，オーバーエンジニアリングになってしまう。300年もつような家を建てたら，必要なコストの何倍もかかってしまい，オーバーエンジニアリングになってしまうのと同じである。

180

（3） 必要となるトレードオフの判断

　ソフトウェア開発においては，トレードオフの判断をしなければならない。
市場投入までの時間的期限があり，より早く製品をローンチしなければならな
い。迅速であることと，永遠に拡張可能であること，そして極めて保守性の高
いものであることにはトレードオフが存在する。技術アーキテクチャはこれら
すべてのトレードオフを考慮して決定されるものであり，その結果，企業が投
資に一定程度のレバレッジをかけるように，ある程度の負債を抱えることは良
いことである。しかしながら，負債は適切に管理する必要がある。技術的な負
債を解消するために多くの資金・リソースが使われ，新しい機能を構築するた
めに資金・リソースが使われないという状況に陥ってしまうと，競合他社との
競争や市場での自社製品の差別化ができなくなってしまう。そのため，開発組
織では，技術負債の解消に振り回されることなく，トップラインを伸ばすため

図表 6 － 1 ／ CDDとTech DDのクロス論点例

| | | Commercial Due Diligence | | |
		市場規模と セグメント毎の成長性	競争環境と 製品ポジショニング	市場力学と 購買行動様式
Technology Due Diligence	製品・ロード マップ	● 製品ロードマップと市場成長が整合しているか評価 ● プロジェクトロードマップにおける，現状とTo-BeのGAP識別，評価	● 対象企業と競合の製品機能の詳細評価，セグメント毎のポジショニング比較	● カスタマーニーズに対する製品の機能充足度評価 ● Voice of customersの製品ロードマップへの反映度評価
	技術アーキテクチャ	● 拡張性，市場参入余地（製品の拡張性，特定セグメントでの成長，上流,下流での成長余地）	● 対象企業の新規分野における成功可能性評価 ● 対象企業の技術優位性評価 技術的な参入障壁と顧客価値面の両面から評価	● テクノロジー・アーキテクチャの技術要求への合致度評価 例）API仕様，セキュリティ仕様
	R&D費用 ホスティング COGS	● R&D投資vs市場性の評価 ● 製品プライシング，ホスティングCOGSの拡張性・機動性，従量課金，等	● 新規参入分野における競合製品との費用相対比較	● R&D費用の妥当性評価と顧客の最適価格設定分析

（出所：弊社作成）

に必要なだけのリソースを投入することができるのかを理解しマネージするために，多くの時間をかけて製品，技術の精査を行っているのである。

　ソフトウェア・エコノミーを正しく評価するためには，マーケット・競争環境・事業戦略と，技術の進化の速さを考慮して，評価することが重要となる。したがって，ソフトウェア・エコノミーのビジネスモデルの特性を深く理解し，戦略（コマーシャル）・技術（テクノロジー）を多面的に考察できる経験豊富なメンバーを中心とした強力なチームを作る必要がある。

3 ｜ Tech DD と IT DDの違い

　Tech DD は，IT DD とは異なる視点でビジネスの競争優位性を重点的に評価する。

　Tech DD では，特定のソリューションを製造販売，サービス提供しているようなソフトウェア企業や，アドテック，メディア企業，e-コマース，フィンテック企業など，テクノロジーを技術差別化要因とする企業，およびフロントエンドの製品・サービスが対象となる。

　これに対して，IT DD は，人事・会計等の基幹系システムやワークフロー等の情報系システムから構成されるバックエンドシステムが対象となる。

　主要担当部署は，Tech DD の場合，ソフトウェア開発部門や R&D 部門（以降，R&D 組織と総称する）となり，相対するのは CTO やプロダクトマネージャーとなる。これに対して IT DD の担当部署は，情報システム部門，または経理部，人事部など基幹業務の実施部門となり，相対するのは CIO となる。

　Tech DD の主な評価の論点は，製品・サービスを軸とした売上成長をいかに担保できるか，開発効率はどうか，プロダクツのリファクタリング，リプラットフォーミングがどの程度のスピードで進んでいるか，R&D 組織の生産性，効率性，DevOps，アジャイル開発の適応状況，統合プラットフォーム化，製品ロー

	Tech DD	IT DD
対象企業の種類	• ソフトウェア企業 • テクノロジーをコアな差別化要因とするサービス企業 （アドテック企業，メディア企業，e-コマース，フィンテック企業，など。）	• 全業種の企業全般
主要担当部署	• ソフトウェア開発部門，R&D部門－CTO，プロダクトマネジメントオフィス	• IT部門－CIOオフィス • 会計部門 • 人事部門 　など基幹業務の実施部門
主な評価の論点	• 製品を軸とした売上成長 • 開発効率 • 主要プロダクツのリプラットフォーミング • R&D組織の生産性/効率性，DevOps，Agile開発の適用など • 新技術戦略，プロダクトロードマップ • SaaSビジネスモデルへの転換	• ITコスト削減 • 大規模BPR • 大規模システムトランスフォーメーション 　等
その他，トランザクション，トランザクション後の価値創造に関連するテーマ	• サイバーセキュリティ対応のレビュー（SaaS観点） • トランザクション後の製品・技術戦略と開発ロードマップ • トランザクション後のR&D組織の統合 • トランザクション後のソフトウェア開発効率の向上	• サイバーセキュリティ • カーブアウト－IT部門 • Post-Merger IT統合

図表 6 － 2 ／ Tech DDとIT DDの比較表

ドマップ，SaaS ビジネスモデルへの転換などとなる。これに対して IT DD は，IT コスト削減がいかにできるか，大規模の BPR の余地はどこにあるか，大規模システムトランスフォーメーションはどのように計画されているかなどが主な評価の論点となる。

4 ┃ Tech DDの主要論点

　Tech DD では，ソフトウェア・エコノミー企業の事業計画の実現性に関する技術的な裏付けを分析・評価する。対象企業のソフトウェア製品・サービスがどのような成長戦略を持ち，どのような価値を創出する目的で作られているものなのか，これら製品・サービスがどのようなマーケットサイズやセグメントを狙っているのか，あるいはどういった競争環境の中で戦っており，競合との差別化を図っているのか，競争環境の中で勝ち残っていくために製品・サービスの開発をどのように進めていくのか，それらはどのような技術アーキテクチャで作られているのか，製品はどのような組織とプロセスで生産されているのか，製品を支えるホスティングとセキュリティがどのようなものなのかを評価する。

　Tech DD の目的は，ブラックボックスとなっているソフトウェア資産を End to End で可視化し，潜在的なリスクの所在と事業計画に及ぼす影響を評価するとともに，将来の価値創造（Value Creation）機会を識別することである。

　Tech DD を実施することにより，プレディールの局面で，投資案件の検討を止めるほど（"Red Flag" となるほど）の，対象企業ソフトウェア資産に対するリスク事象の識別と改善策立案，対象企業ソフトウェア資産の拡張性，信頼性，セキュリティ等の強化など，クロージング後の中長期の改善計画のインプット，クラウドへの移行や，オンプレミスの製品を SaaS 化する SaaS トランスフォーメーションや，R&D 人材のリスキリング等，将来的に必要となる追加投資予算の概算見積りやリスクの識別を行い，投資戦略シナリオ策定やディール交渉時のインプットとする。

　我々のクライアントが投資する企業の多くは，何らかの形で技術革新を進め

ようと考えている。このため，適切なコスト構造と適切なリスク軽減を実現するための支援は，非常に重要である。

　トランザクション後は，Tech DD の評価結果を Value Creation のアクション実行に活かし，対象企業のアプリケーションモダナイゼーション（リファクタリング，リアーキテクチャ），R&D 組織や開発プロセスの変更，リスキリング，開発ガバナンス，効率性の向上や，出資/獲得した対象企業のマネージ，スピード，正確性などのケイパビリティを活用して"プラットフォームプレイ"をできるようにするなど，2 プラス 2 ＝ 5 となるよう，クライアントがシナジー効果や買収，企業規模拡大を検討することも珍しくない。

　複数の企業に投資し，それらを統合する際に，どの製品を残すのか，どのように統合するのか，統合した場合のインパクトはどうなのかを検討することも多い。

　Tech DD の評価軸は大きく，(1)製品・サービス＆ロードマップ，(2)技術アーキテクチャ，(3)R&D 組織・プロセス，(4)ホスティングセキュリティ，の 4 つの軸で構成され，対象企業の属性や投資家の投資戦略に応じた論点を設定した上で，これらを総合的に評価する。

（1）　製品・サービス＆ロードマップ

　対象企業の製品・サービスは競争優位性をどのように構築しているのか，技術的な観点から評価し，事業計画上，どのように競争優位性を高めていく計画であるかを評価する。

①　製品・サービスの定義

　ソフトウェアは，事業ドメインを自社で自由に定義でき，ビジネスモデルの構築も容易であり，周辺領域にも容易に拡張・サービス接続できる特性があるため，デューデリジェンスにあたり，誰に何をサービスするのか，どのような製品・サービスで誰と戦っているのか，関連市場・顧客・競争環境の理解にもとづき，製品・サービス，および製品・サービスの分類軸，粒度を定義するこ

とが基本となる。

　業界横断で課題解決を図り，Disruption を仕掛けるよう，独創的なサービスを展開，構想している企業も多い。評価の対象の定義する際には，業界知見およびソフトウェア・エコノミーのビジネスモデル両方の深い理解が求められる。

②　製品ビジョン

　長期的な製品ビジョン，世界観，全体構想は経営者の頭の中にあり，独創的・自由な発想で捉えられていることも多い。アーリーステージなので未だ形式知化されていない，解像度が粗い，経営者の夢の構想，ということもある。対象製品・サービスの長期ビジョン，世界観を理解し，将来的に何を実現したいのかの概要を把握し，製品・開発ロードマップへ反映されていることと，されていないことを識別し，セクターに特化した専門知見や事業経験の観点，およびテクノロジーの可能性と限界の観点から，何がうまくいきそうで，何がチャレンジなのかを洞察する。

③　製品・サービス分析

　製品・サービスの特徴，投資家の投資戦略上の論点に応じた製品・サービスの分析を行う。

論点の例

- 製品・サービスでどの顧客・社会のどのような課題を解決するのか？
- 市場のどのようなニーズとマッチした製品機能が実装されているのか？　今後実装されていくのか？
- 競合の製品ポートフォリオとの比較優位はどのように変化するのか？
- 対象企業の製品ポートフォリオを投資家の製品ポートフォリオに統合できるのか，どのようなシナジーを期待できるのか？

④　競争優位性

　SaaS 企業は，コア技術をブラックボックス化しつつ，ネットワーク外部性が効果的に働くよう標準化を進め，外部サービスと連携してエコシステムを形成し，ビジネスモデルを構築する製品・サービス戦略をとることが多い。したがって，ソフトウェア・エコノミーの競合優位性を比較分析する際には，ブラックボックス化している技術は何か，どのように標準化を進めているのか，どのような外部連携技術が実装されているのか，の正しい理解・分析が必要であり，また，単体企業同士の競合比較分析だけでなく，エコシステム同士での競合比較分析を行うことがポイントとなる。

　ソフトウェア企業は Pivot を繰り返しながら事業展開，拡大をしてきたケースが多く，対象企業の祖業，事業の歩み，事業展開の順序，経営者の業界・技術専門領域の把握は，対象企業の製品・サービスの独自性，競争優位性，提供価値，模倣困難性を評価することにつながる。

論点の例

- 他の競合が持っていないどのような技術を持って差別化がされているか？
- ターゲット顧客層（エンドユーザー）の KSF を踏まえた，粘着性を高めるための優れた機能や UI/UX がどれほど実現されているのか？　競合や既存技術に対する比較優位は何なのか？
- 規模拡大，スイッチングコストの高さを裏付ける仕組み，参入障壁はどのように築かれているのか？
- コスト優位性はどれだけあるのか？
- コマーシャル・技術の両面において，対象企業の CEO，CTO は今後の機会や外部参入の脅威をどのように見立てているのか？

---

⑤　製品・開発ロードマップ

　多くのソフトウェア企業において，製品・開発ロードマップは，製品ビジョンに基づき，3 年程度の製品・開発ロードマップをハイレベルで引いたうえで，

直近1年の事業年度や直近3ヶ月の開発項目を具体的な開発項目としてブレイクダウンしている。

　開発要員規模・要員計画に対して，開発チーム当たりの生産性の実績値に応じた前提を置くと，一定期間に開発できる機能の総量が概ね決まるので，開発チームのキャパシティに収まるよう開発優先順位を付け，工数割付を行い，製品・開発ロードマップが引かれる。

　新機能リリース，既存機能改修，リファクタリングなど，異なる目的を持った開発項目を，どのように優先順位付けして，製品・開発ロードマップに割付けをしているのか，その理由・考え方とともに確認する。なお，多くのソフトウェア企業では，技術革新のためのエマージングテクノロジーの基礎研究項目をロードマップの外で引いていることが多いが，投資家の観点からすると，これらも製品・開発ロードマップの分析項目として含めるべきである。

　CDDでは外部環境・内部環境に照らして事業計画の妥当性を評価するが，Tech DDでは，事業計画の売上成長と開発ロードマップの新機能のリリースタイミングの整合を分析することで，事業計画上で計画されている売上の発生タイミング，インパクトの合理性を評価する。特に開発の観点からは，共通系モジュールやプラットフォームの開発リリースは事業計画のセグメントと必ずしも一致していないので，共通系モジュールやプラットフォームの開発リリースが事業計画上のセグメント売上の成長にどれほど寄与すると見做されているのか洞察する。特にスタートアップ系の企業の事業計画は，投資家に事業計画をより魅力的に見せようとしてアグレッシブな売上成長予測で作られていることがあるので，機能拡張によってどれだけ売上を伸ばせるかの感度分析や，製品・開発ロードマップ，開発キャパシティに裏付けられた実現可能性の分析は重要なポイントとなる。

　アップサイドシナリオを検討して修正事業計画を策定する際や，シナジー検討を行う場合，投資家の投資戦略に沿った追加開発項目を対象企業の事業計画に反映すると，いつ，どのようなスキルセットが，何人規模で必要となり，対象企業の製品・開発ロードマップはどのような影響を及ぼすのか，などの検討

188

のインプットとするためにも，製品・開発ロードマップの理解は非常に重要である。

⑥　製品・開発ロードマップガバナンス

　製品・開発ロードマップは，顧客（エンドユーザー）からのフィードバック，市場動向や技術動向，社内のイニシアチブなどをインプットとして，企業戦略，製品ビジョンを，製品テーマ，コンセプト，開発項目に具体化し，投資シナリオを踏まえて，開発キャパシティと突き合わせて，割付が行われる，という一連のプロセスを経て作成される。

　誰が，どのようなインプットを元に，どのようなサイクル，どのような基準・プロセスに則ってトレードオフを最適化し，価値創造の意思決定をしているのか，そしてどのように計画進捗管理，計画見直しの PDCA が回っているのかを評価する。

　企業によって，製品・開発ロードマップは，強力なトップダウンで発案，決定されているケース，開発者主導で OKR（Objective and Key Result：目標設定・管理）なども組み込まれて関係各所で協議されているケース，など様々なガバナンスのスタイルがみられるが，投資家が投資後の製品・開発ロードマップ策定に関与する可能性に備え，ガバナンスのメカニズムを理解することは大事である。

（2）　技術アーキテクチャ

①　技術アーキテクチャの概要

　ソフトウェアの世界において，技術は陳腐化するものである。技術制約や，開発者の退職等の理由により，経年と共に，技術アーキテクチャや開発言語をメンテナンスし続けるのが徐々に困難になっていくため，中長期的には技術アーキテクチャや開発言語を変更・最適化しなければならない。

　技術アーキテクチャの各スタック，プログラミング言語の選択にはすべて Pros-Cons があり，唯一のベストなソリューションは存在しない。どのような

ソフトウェア企業においても，トレードオフを踏まえて技術アーキテクチャや言語の選択がされている。

　新興スタートアップ企業においては，事業拡大を急ぐことを優先して，暫定的なソリューションを採用していたり，買収した企業の技術アーキテクチャが異なっていたために複数の技術アーキテクチャが併存しており，CTO が一定のタイミングでリファクタリングを企図していることがある。また，ベンダーロックを避け，最適な最新技術の選択肢を確保するために，敢えて複数のアーキテクチャを採用・維持していることもある。

　対象企業の多くに共通するのは，顧客基盤が強固であること，そして，収益が定期的に反復して発生していることである。多くの場合，顧客は気に入った製品・サービスを使い続けており，その製品・サービスに固執し，他社製品・サービスに変えようとはしない。したがって，例えば次世代製品へとプラットフォームを大幅に変更するような場合，顧客が製品を使い続けるのに不満を感じ，もしそれが顧客にとって辛いこととなるのであれば，「いずれにしても不満なので，製品選定をし直したほうが良い」という望ましくない事態になりかねない。

　製品・ロードマップを実現するためのシステムが，どのような技術アーキテクチャを採用しているのか，どのような言語・フレームワークで作られているのか，今後，いつ，どのような更新が計画されているのか，技術アーキテクチャの選択をその思想にまで踏み込んで理解することは，投資戦略や投資後の統合戦略を検討するうえで非常に重要である。

　また，比較的社歴の古いソフトウェア企業や，伝統的な企業では，オンプレミスの技術で作られていったシステムやサービスをどのタイミングで SaaS にトランスフォーメーションしていくか，その計画が立っているのか，アーキテクチャが古いことによって拡張性や効率性にどのような制約が生じるのかを評価する。

　対象企業の分離や統合にあたり，技術的な難所はどこか，今後のメンテナビ

190

リティがどれだけ困難なのか（ブラックボックス化しているのか）を客観的に把握することで，投資後に必要となる追加コスト試算のインプットとする。

論点の例

- 製品・サービスの技術スタックはどうなっており，各レイヤーでどのような技術が使われているか？（VM（Virtual Machine：仮想化），コンテナ，マイクロサービス，サービスメッシュなど）
- アプリケーション構成，プログラムの構造（モノリシック vs モジュラー）はどのようになっているのか？
- コードベースのサイズ，言語，バージョン，経年は？
- 言語やフレームワーク・ツール類の契約期限，保守サポート期限切れの時期はいつか？
- 製品・サービスごとに異なる技術アーキテクチャをどのように統一化していくか？
- リファクタリングやリアーキテクチャの実施時期，今後の計画はどのようになっているのか？

---

② 拡張性，外部接続・連携容易性，メンテナンス性

　SaaSの世界では，社外のサービサーとの接続・連携容易性あるいはサービスの拡張性が非常に重要である。SDK（Software Development Kit：ソフトウェア開発キット）やAPI（Application Programming Interface）を通じて，社外の開発者やパートナーとエコシステムを組みやすいような技術プラットフォームがどのように担保されているのかを評価する。

　また，ソフトウェア開発にあたってはOSS（Open Source Software）が積極的に利用されることが多い。広く一般に公開されているソースコードを無料で使えて，かつ自由にカスタマイズや編集ができる利点があるためであるが，一方で，自社で継続的にメンテナンスをできているか，利用にあたって再配布やライセンス表示などの契約・規約を遵守しているかどうかなど，社内で利用

確認の徹底がされているかどうか，管理状況の確認が必要となる。OSSの利用状況と管理運用状況を客観的に把握・分析し，対象企業がオープンソースに係る脆弱性リスク，セキュリティリスク，著作権・ライセンスリスクの所在を正確に把握し，対策が適切に打たれているかどうかを評価する。

③　アプリケーション品質

　アプリケーションが工業的に均質に製造できているのかを評価するには，アプリケーションの設計書，テスト結果報告書，ソースコード，不具合管理や障害管理分析資料のレビューを行うことが有効である。

　製品・サービスは表面的には正常に動いているものの，中身はスパゲッティソース，ブラックボックス化していることも時折見受けられ，アプリケーション品質の評価は，今後事業がスケールする際に新たなエンジニアが参画した際に短期間でキャッチアップできるのか，投資家の投資戦略に照らした際に，対象企業のアプリケーションをプラットフォームとして使用することが可能なのか，SaaS Transformationがどれほどチャレンジングなのか，などを評価するうえで重要である。

　設計書・テスト結果報告書の整備状況および改定状況の分析を通じて，ユーザーとシステムのタッチポイントとなる要求分析や各種システム設計書，UAT（User Acceptance Testing：ユーザー受入テスト）のドキュメントが最新の状態で更新されているかどうか，各設計書はどのような粒度や品質で作成され，レビュー，最新化されているのかを評価する。

　ソースコードレビューを行うことで，第3者が理解しやすいように，ソースコードが構造化されており，適切なネストの深さになっているか，平易なアルゴリズムとなっているか，コメントアウトが適切に入っているか，等を評価する。

　開発時のソフトウェア品質管理や進捗管理分析データを分析することで，開発中/ローンチ済のアプリケーションの品質向上にかかる工数，期間の概算見積りのインプットとすることができる。テストの消化曲線と不具合曲線（信頼度

成長曲線やゴンペルツ曲線など）の分析，不具合・障害データをモジュール別，原因別，検出フェーズ別，時系列，難易度別，優先度別，担当エンジニア別など，詳細な軸で分析を行い，RFE（Request For Enhancements：機能改善要求）への対応時間などを分析・評価する。

④ 技術負債

　技術負債はソフトウェア開発には避けて通れない対応必須の課題の一つである。本章で前述したが，技術負債とは，プログラムに機能追加や不具合改修などを行う際，初版プログラム開発当初の精緻なプログラムアルゴリズムに簡易・限定的な追加・改修を行うことで，のちの追加手直しの暗黙の「負債」を負うことになるものである。

　技術負債は，納期プレッシャーによる設計前の開発開始や変更前のリリース，直前の仕様変更や，プログラム構造が疎結合になっていない，複雑すぎるコード，古い言語やフレームワークなどを使用している場合の機能制約の回避，さらには関係者間のコミュニケーション不足，知識共有の不足，開発体制の不足，開発プロセスや理解の欠如などにより必要な修正が網羅的に行われない，などが原因となって発生する。

　技術負債はコードベースの拡大や経年に伴い溜まっていき，返済されなければ「利子」が蓄積され，プログラムを改変する際の影響分析や，関連ドキュメントやコードベースの修正，回帰テストの増加などが発生し，保守効率の悪化，開発期間の長期化，製品品質低下などの問題が発生し，対応に係るコストが更に膨らむこととなる。

　技術負債は多大なコストを生み出すが，必ずしもあらゆる負債を即座に解消すべきというわけではなく，持続可能な範囲内で適切に管理できていれば，大きな問題にはならない。

　対象企業の技術負債がどの程度存在するのかを把握するとともに，技術負債を継続的に測定・分析し，開発エンジニアの工数をどの程度使って計画的に解消しているのかを評価する。

⑤　使用技術の評価

AI（Artificial Intelligence：人工知能），ML（Machine Learning：機械学習），Big Data, Deep Learning（深層学習），NLP（Natural Language Processing：自然言語処理）などのバズワードは，本書では個別に説明しないが，多くの企業では，これらバズワードが意図的に，または誤った理解のもとに使われていることがある。『AIを使ったXXX』と謳われていながら，よくよく掘り下げてみると，実はアルゴリズムであったり，Intelligentツールを用いた分析ができるデータサイエンティストのスキルが強味であった，というようなことがあるため，対象製品・サービスに用いられている技術の種類，特徴や，活用技術の深さを正確に理解する必要がある。

⑥　特　　許

対象企業が技術的な競争優位性を持っているかどうかの評価の一つとして，特許分析も有効である。

特許については，リーガルDDと協業しながら，対象企業が取得している特許と他社の特許取得状況をマッピングし，対象企業が技術を法的にどのように保護しているのかを評価する。

対象企業が根本的，共通的な特許を取得していれば，他社が同様のサービスを開始しようとした場合には対象企業の特許をライセンスしなければならないなど，法的な障壁を築くことができる。また，企業の祖業や，創業者やトップエンジニアの得意領域に由来する特許を取得していることも多く，対象企業の技術的な先進性を客観的に評価する上でのインプットとなる。特許がどのように引用されているかを分析することで，対象企業の技術の拡張性・応用・転用可能性を評価することも可能となる。

> **論点の例**
> - 対象企業は根本的，共通的な特許を取得しているか？
> - 対象企業は特殊な領域に特化した特許とっているか？

194

> ● 対象企業の特許は，誰に，どれほど引用されているか？

　なお，特許申請に伴いアルゴリズムを開示することになり，競合がリバースエンジニアリングできるヒントになってしまうリスクがあるため，あえて特許申請しないことによって，自社のコア技術をブラックボックス化する戦略をとる企業も多いことには留意されたい。

（3） R&D組織，プロセス

① R&D組織

　ソフトウェア開発は労働集約型のビジネスであり，ソフトウェア企業のコストの大部分を占めるのは人件費である。ソフトウェアを開発する体制，人材の充足度と，将来の事業計画を達成するための開発体制維持・拡大に必要となる追加費用の発生有無および規模感がどれくらいとなるのかは投資検討にあって重要な論点である。

　事業計画，製品・サービス開発ロードマップを実現するために必要な開発体制（量）およびスキルセット（質）が揃っているかどうか，対象企業のR&D組織はどのようなチーム編成になっており，どのチームにどれだけのスキル・経験を持ったエンジニアが存在しているのか，今後どのようなスキルセットの要員がいつ，何人規模で，必要となるのか，不足する人材を充足するためには幾らぐらいの追加費用が必要となるのか，を見極める必要がある。

　開発エンジニアの組織体制構造，オフショア開発センターの活用や，クロスボーダー開発組織の場合のロケーション毎のスキルセットの偏在，役割別・スキルセット別構成比分析，経年分析，役割分担，スキル分布の分析，エンジニアの要員計画と実績の推移分析などを行い，技術的優位性を獲得・維持・拡大する目的や，特定の技術開発をするために必要なスキルセットが不足していないか，人材の充足度，今後の人員計画の妥当性を評価し，投資後に補充が必要となる要員規模，時期，スキルセットを識別する。

ソフトウェア開発は労働集約型のビジネスであり，組織としての優位性，生産性の高さはエンジニアの能力・力量によるものも大きい。独創性を発揮し，ソフトウェアの生産性や品質を向上させることができる稀有なキーエンジニアや次世代を担うキーエンジニアの識別，人材市場で需給がひっ迫している中，対象企業への出資後もこれら優秀なエンジニアを繋ぎ留め，獲得し続けていくための報酬体系の設計は非常に重要であり，開発エンジニアの人事評価や，採用市場での人材獲得状況，報酬体系については，人事DDと連携して十分な分析を行う。

急成長しているSaaS企業においては比較短期間で開発体制を急激に拡大していきていることが典型的であるが，事業計画の成長速度に整合して開発体制を持続的に成長させていくために，次世代のキーエンジニアをどのような計画で育成しているのか，組織が一定規模以上に大きくなった場合に組織全体を効率的・効果的に統括・運営する仕組みが整備されているのかどうか，イノベーションが創発される取り組みはどのように行われているのか，などを評価する。

逆に，伝統的にR&D組織では，最新の技術に対応するための体制を補充できているか，中長期的に見て開発体制が新陳代謝できているか，リスキリングが健全に行われているかを評価する。

②　SDLC（Software Development Life Cycle）

ソフトウェア開発で主流となっている開発手法はウォーターフォール型開発とアジャイル型開発に大別され，プログラムのリリース頻度・速度や，管理手法，開発組織の作り方などは開発手法によって大きく異なる。

一般的にアジャイル型開発は，ユーザーニーズを製品開発へ高頻度かつ柔軟に反映する開発手法であり，小規模・頻繁に機能リリースを行うSaaSに適する開発手法であるとされるが，アジャイル型開発は不確実要素を適切にマネージしなければならず，スプリントサイクルを高速で効果的に回すには経験やノウハウが必要となる。このため，従来のオンプレミスから，SaaS Transformationを図る場合や，投資後に対象企業のアジャイル型開発プロセスを既存のウォー

ターフォール型開発手法をとる開発組織に取り入れようとする場合，導入・統合・融和には入念な計画が必要となる。また，エクストリーム開発のような手法がとられている場合など，R&D 組織内の一部で複数のプロセス，開発手法が混在する場合もある。この場合，R&D 組織内でカルチャーの相互理解がどのように図られているかを理解することも重要である。

　ツールなどを用いた自動化を行い，CI/CD（Continuous Integration/Continuous Delivery/Deployment）をどの程度行って開発効率の向上・コスト削減を図るようマネージできているのか，組織的に統合・連携し，各工程を連続的，循環的に行う DevOps のプロセスの整備・運営状態，成熟度などを評価する。

論点の例

- どのようなツールが導入されているのか？
    - ビルド，オートメーション，テストツール，構成管理ツール：自動化の促進
    - 静的分析ツール：コードベースの品質確認や技術負債の定量化
    - スプリント記録やロードマップ見える化のためのツール：プロジェクトマネジメントの高度化，生産性・工数予実差異の可視化
    - カスタマーサポートマネジメントツール：コミュニケーション円滑化の促進
- 自動テストツールの利用割合はどれぐらいか？
- 単体テストからプログラムのレビューの割合はどれぐらいか？
- レビューを通過したプログラムの品質はどの程度安定しているか？
- 不具合の発生・収束曲線，追加要件に対する対応速度はどれくらいか？
- 過去のキャパシティオーバーの発生とその理由は？　対策はどのようにとられているのか？
- 不具合管理対応プロセス，発見影響分析，対応方針の決定は誰がどのように行い，顛末はどのように管理されているか？
- など

（4）　ホスティング&セキュリティ

　ホスティングインフラ，ストラクチャーに潜在的なスケーラビリティの制約があるかどうかを評価する。

　SaaS 企業の場合には AWS，GCP，Azure 等のクラウドサービスプラットフォームの活用が進んでおり，スケーラビリティの制約があることはまれであるが，オンプレミスと IaaS を併用している場合や，自社データセンターを活用している場合，スケーラビリティの制約があることがある。ロケーション，サイジング，キャパシティが適切にマネージされているかどうか，過去のサービス停止の履歴や，復旧に係る体制，プロセス，リードタイムの評価を行う。

　ホスティング費用について，IaaS, SaaS の場合，適切な従量課金制で契約できているか，事業計画において原価率を適切に設定しているかどうか等を評価する。

①　セキュリティ

　製品・サービスに関するサイバーセキュリティリスクについて，製品・サービスに関して，セキュリティや事業継続リスクはどこにあるか，プロセス設計と運用面から評価を行う。

　なお，統合の際には，TSA 期間中のサイバーセキュリティ体制の定義，2 社間での報告ルートなどの設計が必要となる。

> **論点の例**
>
> - 重要情報/個人情報/機密情報について，どのようなアクセス制御が行われているか？
> - システム/データが受ける規制(HIPAA，PCI 等)，および各種規制に対するコンプライアンスの証明方法は？
> - データセンターは SOC1 や HITRUST（Health Information Trust Alliance）等の認証を受けているか？

- 物理サーバでホスティングされている場合，物理サーバに個人を特定できる情報が保存されているか？
- データが格納されているハードディスクは暗号化されているか？
- データは転送中に暗号化されているか？
- データベース内のデータは暗号化またはトークン化されているか？ 暗号化されている場合，どのような方法で管理しているか？（例：AES，RSA 等）
- 従業員は製品・サービスに紐づく顧客データに対してどのようなアクセス権を持っているか？
- 製品・サービスのサーバアクセス権の付与対象者，管理方法はどのようになっているか？
- セキュリティテスト（侵入テスト等）はどの程度行われているか？
- セキュリティテストはコードレビューの一部として組み込まれているか？
- セキュリティ監査は定期的にサードパーティーによって行われているか？
- 外部ベンダーの脆弱性テストを適切な頻度で受けているか？ 指摘結果に対してどのように対応しているか？
- 製品・サービスのシステムは DDoS（分散型サービス妨害）攻撃からどのように保護されているか？
- ネットワーク上のエンドポイントをどのように監視及び保護しているか？（SIEM（Security Information and Event Management）の活用など）
- CISO（Chief Information Security Officer：最高情報セキュリティ責任者）や特定のセキュリティ担当部署等，セキュリティ管理体制はどのように設けられているか？
- インシデント対応プロセスが適切に設計・運用されているか？
- 従業員・エンジニアはどのようなセキュリティトレーニングを受講しているか？
- ディザスタリカバリ対策はどのように設計されているか？
- バックアップはどれぐらいの頻度で行われているか？

など

製品・サービスで取り扱う，顧客データの個人情報が安全に保護されている

かについて，特に金融，医療など業種によっては規制・基準が厳格に定められ
ており，また，サービスが特定の地域・国を跨ぐ場合には各々要求される規制・
基準を順守しなければならない。リーガル DD と連携して各種法規制への遵守
状況を評価する。

第7章

クロスボーダー
ITデューデリジェンス

1 ┃ クロスボーダーM&Aにおけるデューデリジェンス

　ビジネスのグローバル化に伴い，M&Aの一部に海外事業が含まれている，あるいは対象全体が海外事業であるというケースも珍しくない。こうした場合，日本から対象の海外事業に対するデューデリジェンスを実施することになる。海外に対するデューデリジェンスは国内同士の場合と比べて，1）言語障壁，2）文化・商習慣の違い，3）時差，の要素が加わるためより緻密に内容や手続き，コミュニケーションを設計する必要がある。また，買主が海外であって日本国内の事業を買収対象とするケースにおいてもこれらの考慮点は同様である。以下クロスボーダー案件におけるITデューデリジェンスを進める際の留意点を解説する。

2 ┃ クロスボーダー案件の種類

　日本が関わるクロスボーダー案件には複数の類型が存在する。

Ⓐ：内資が，内資の海外事業を買収する

> B：内資が，外資の日本事業または海外事業を買収する
> C：外資が，内資または外資の日本事業を買収する

A の案件は売主である日本国内の本社を通してやり取りを進める限りにおいては国内案件と進め方に大きな違いはない。対象事業の現地に日本人駐在員がいて，コミュニケーションの仲介に入ってもらえる場合は特に言語障壁もそこまで感じずに済む（ただし，開示資料の記載言語や現地担当者とのインタビューは英語を使って直接，あるいは通訳を介してのコミュニケーションとなる場合もある）。

IT デューデリジェンスの内容においても売主の本社やグループ会社で共有されているシステム，対象事業が独自に利用しているシステム等を判別することができれば，誰に何の開示を求めればよいのかは容易に切り分けができる。

一方，IT の体制や運用に対するデューデリジェンスには注意が必要となる。海外事業の買収に限った話ではないが，独立したバックオフィス人員を持たない，あるいはバックオフィス人員が少ない事業を買収する際には，本社やグループ会社のサポートから切り離されたときに当該事業と一緒に譲渡される体制で当該事業継続に必要な IT の運用は継続できるのか，そこにリスクはないのか留意すべきである。

B の案件は売主である外資の担当者とやり取りすることになるが，特に大企業であればあるほど買収だけでなく，売却も含めて担当する M&A の専門部署や専門家を擁しているケースも多く，言語障壁さえクリアしてしまえばデューデリジェンスのプロセス自体はスムーズに進む。

IT デューデリジェンスの内容も売主のグローバル共通 IT プラットフォーム（基幹系システム，ネットワークインフラ等）から切り離された際，事業継続上の問題やリスクがないかといった論点が多くなる。また，IT の体制や運用についての注意点は A の案件と同様であるが，B の場合はこれまで日本企業の下で働いたことのないメンバーを受け入れることを前提に体制面のリテンショ

ンには十分配慮したい。なお，事業の継続性を見定めるうえで必要であっても，直接買収対象とはならないグローバル IT プラットフォームについての情報提供は限られていたり，断られたりするケースもある。そのため，本当に重要なポイントについて質問内容を絞り込んだり，なぜそのような質問が重要なのかの理由を添えたりするなど情報取得まで粘り強く交渉することになる。

　Cの案件でも IT を含めて一般的なデューデリジェンスの要求事項は変わらない。ただし，外資においては大企業でもマネジメントの権限が強く，M&A 推進の権限が関係者間での合意ではなく特定の責任者の判断に集中しているケースもあるため，ドラスティックにデューデリジェンスのスコープが絞られたり，納期が変わったりする場合もある。特に買主の企業規模と比較して対象事業の規模が小さい場合や，買主が何らかの事情で買収の判断をほぼ固めておりクローズを急ぐ場合などにこうした事象が起こりうる。そのため体制構築の際に，こうした買主側の要望に柔軟に対応できる経験を持ったメンバーを揃えておくことが望ましい。経験豊富なメンバーであれば要望に100％応えられない場合でも想定されるリスクに応じて領域ごとに調査のレベルを変えたり，領域ごとに個別の納期を設けたり，買主側担当者と交渉をすることもできる。

3 ┃ デューデリジェンスの体制・見積り

　クロスボーダーM&A においては，前述の通り 1 ）言語障壁，2 ）文化・商習慣の違い，3 ）時差，があることにより買主の所在する国からデューデリジェンスを行うことが困難な場合もある。幸運にも上記のハードルを越えることができる体制を買主の所在する国内において組めればよいが，そうでない場合は対象事業が存在する拠点，あるいはそれに近いところにチームを組成してデューデリジェンスに当たる。前記Bの場合であれば，日本のデューデリジェンスチームの下に海外事業のデューデリジェンスチームを置くことになるし，

204

Cの場合は買主側のアドバイザーの下に日本事業のデューデリジェンスチームが置かれることになる。一般的な役割分担としては対象事業が存在する国のチームが報告書をまとめ、それを買主が存在する国のチームが他の国のデューデリジェンスレポートと合わせて翻訳して依頼主に報告することが多い。なお、こうした体制の構築は、買主が日本の企業であり対象国が非英語圏である場合に顕著であるが、逆にデューデリジェンスを行う対象の国が英語圏である場合、間にチームを挟むと時間、費用が無駄にかかってしまうことがあるため、直接日本のチームが調査、報告を実施することもある。この辺りは日本のチームがどの程度人数を揃えた体制か、英語や現地の言葉が流暢か、現地の商習慣に詳しいかなど複数の観点から判断される。

対象事業が存在する現地国のチームに作業を依頼する際は、調査の目的や報告内容の細目に関する打ち合わせを入念に行う必要がある。デューデリジェンスといっても案件ごとに買主の関心事項が異なるのはもちろん、現地チーム担当者のこれまでの経験によっても「スタンダードな報告」の定義が変わるためである。デューデリジェンスを開始する前、依頼時に、なぜ、誰のために、何を、どのくらい時間をかけて、どの深さまで調査するべきなのか認識を合わせておくことが必要になる。

クロスボーダー案件において難しいのは、費用の見積りも同様である。関係国個別の事情にも依存するが、調査依頼先の費用感が異常に高く折り合いがつかないこともあるし、その逆で買主側の費用感が極端に低く設定されていて折り合いがつかないこともある。また、クロスボーダー案件は、言語や商習慣の違いからミスコミュニケーションが生まれることも多いため、費用面でバッファを持たせておくことが不可欠である。バッファが少ないクロスボーダー案件に取り組む場合は、余分な支出が発生するリスクを極力排除する作業計画を立案したい。

4 │ クロスボーダー案件の実務

　その他クロスボーダー案件の IT デューデリジェンスにおける実務上の留意
事項を述べる。

■仮説検証アプローチ

　まずはデューデリジェンスを進め方としての仮説検証アプローチである。ク
ロスボーダー案件に限った話ではないが，M&A では売主側に，「買収のメリッ
トを強調したい」，あるいは「不利になる情報は伝えたくない」というインセン
ティブが必ず働く。これにクロスボーダー案件では繰り返し述べている 3 つの
難しさが加わるため開示されている資料の隅から隅まで丁寧に眺め，断片的な
情報から仮説をくみ上げて Q&A やインタビューで裏付けをとるアプローチが
重要となる。

■費用についての考え方

　次に IT 投資費用，IT 運用保守費用に対する考え方の違いへの認識である。
世界にあまたある企業の中には IT 費用が売上増に貢献するフロント系システ
ムに極端に傾斜配分され，直接売上に貢献しないバックオフィスシステムや IT
運用保守が後回しになっているケースもある。こうした場合，例えばハードウェ
アやミドルウェアが保守期限切れを起こしたまま放置されていることもあるた
め「通常は大丈夫なので，今回も多分大丈夫だろう」という安易な想定を置か
ず調査に基づいた検証をお勧めする。

■前提の確認

　さらに，特に外資が買主となっている場合に顕著なポイントとして，IT シス
テムの統合に対する前提の強さがある。IT システムを買収成立後早期に買主の
システムに統合することが前提となるため，M&A の提案が持ちかけられたと
きから IT システムを統合する場合の IT の課題や個別要件が議題に上るし，
デューデリジェンスもそれらの検証に重きが置かれる。

　よく挙がる個別要件として，法令等の必須要件がある。財務，会計，税務，

人事，品質管理等の領域においてどういった規制があり，現在のITシステムが
それらにどう対処しているかがこの要件に該当する。これらは買主からすれば
自分たちは知らないが，押さえなければならない事項であるため，詳細に調査
分析し報告することになる。特に医薬品など法令要件が特殊な場合で，日本の
パッケージでないと業務を運用できないような要件については買主側の法令要
件との違いを比較の上，説明できなくてはならない。

■買主が外資の場合の留意点

　なお，買主が外資である場合に実施しておくべき事項をさらに2点補足する。

　1つ目は国内ベンダーを使用している場合，ITシステムを調査する際はその
補足情報をつけなければならないということである。海外の買主は日本のIT
システムについては詳しくないため，基礎情報としてITベンダーの事業規模，
国内でのマーケットシェア，当該システムの主要機能を調査報告することが不
可欠となる。

　2つ目は，ITシステム担当者の語学力である。当然ではあるが，外資が内資
の事業を買収するとレポートラインのどこかに海外の人間が関与することにな
る。外資企業の場合，CIOだからといって現場を知らないでは経営判断ができ
ないと考えることもあるため，資料は原則として英語で作成し，必要があれば
現場の作業についてもCIOがかなりのグリップを効かせることになる。そのた
め，ITシステム関連作業に携わるメンバーの語学力についても，リーディン
グ，ライティング，スピーキングの点で能力を調査し，報告することが必要に
なる。

■TSA交渉に向けた準備

　最後に，これはデューデリジェンス完了後の活動となるが，TSA交渉に向け
た入念な準備である。基本的にITシステムは譲渡後速やかに買主のシステム
に統合されることが前提となるため，売主が前提として考えているTSA期間
は非常に短い。過去の事例では最も短いもので1か月というものもある。内資
系企業で多く採用される"徐々に切り替えを進める"アプローチが売主に理解
されておらず，売主が，"多少混乱を招いたとしてもある日から急にシステムを

切り替える"アプローチを想定している場合，TSA の期間延長交渉は困難を極める。売主も売却した事業にいつまでも自社のリソースを割くことはしたくない。譲渡の全体費用への影響も示唆しつつ細部にわたって根拠を準備し，買主・売主双方が納得できる合意点を探ることとなる。

また，譲渡時の交渉事項の中には IPA（特許等知的財産関連）の書類も登場する。プログラムの権利所属や再販権等への言及を含めて，そうした書類の全文に目を通した上で交渉事項に過不足がないかの確認が必要となる。その際，法務チームの弁護士と協働しながら，過去の事例をもとに入念な準備をしたうえで交渉に臨まなくてはならない。

なお，特に欧米企業との交渉時に「持ち帰って検討する」はあり得ない。交渉の場に決定権を持った人間が参加し，その場で判断することが通例である。「持ち帰って検討する」は，「その場に決定権を持った人間がいない」を意味し，即ち「決定権を持つ人間を送るまでもない。相手企業の時間を無駄にしてもかまわない。この買収交渉を軽んじている。」ことを意味してしまう（例外的に交渉担当者の権限を大幅に逸脱する判断が必要な場合のみ持ち帰りが行われることはあるが，通常はない）。そのため，想定される交渉内容，結論，譲歩の幅に加えて，場合によっては判断権の委譲までも準備したうえで交渉を行うことになる。

Check!　通訳

余談ではあるが交渉に臨む際，英語に相当の自信がなければプロを雇うことを推奨する。ビジネスの議論は様々なトピックに話題が及ぶ上に，電話会議システムで参加するメンバーがいることが多く，日常会話ができる程度では話にならない。むしろ通訳を入れて，主張すべきことは主張し，ビジネスを勝ち取るという覚悟で臨まなければならない。

第8章

セラーサイドの
ITデューデリジェンス

　ここまで対象事業を買収する側におけるアドバイザーの立場で解説をしてきたが，逆に事業を売却する側におけるアドバイザーとなることもある。本章ではセラーサイドのIT デューデリジェンスについて解説する。

1 ┃ セラーサイドの特徴

　セラーサイドにおけるIT デューデリジェンスにおいては，対象事業を売却すべきか，というフェーズから参画することが多い。そのような検討段階においては，対象事業のどのエンティティーを売却し，または残すのか，といった点がそもそも曖昧であり，クライアントと議論をするところから始まる。

　そのため，IT システムの話だけでなく，そもそもビジネスオペレーションをどのような形で切り出すべきか，という議論から始まる。例えば，研究開発，工場機能は社内に残すが販売機能だけを売却すべきか，研究開発，工場機能も合わせて売却すべきかなどである。なぜそのような議論に参画するかというと，対象事業売却のオプションに応じ，IT システムを一緒に渡してしまうべきか，再構築を前提とすべきかなどが変わってくることから，それに対応するため，IT システム費用がどの程度発生し，それは売却価格にどのように影響するかが変わってきてしまうためである。そのため，対象事業のIT システム機能配置の

概要を早期に把握した上で，ITシステムの視点からはどのような売却スキームが望ましいかをアドバイスすることになる。また，検討にあたっては，ビジネス上のスキームと密接に連携するため，ITシステムという視点だけでなく，競合とのビジネス環境なども考慮した上での検討が必要になる。このようなフェーズが冒頭にある点はバイヤーサイドのITデューデリジェンスと大きく異なる点である。

2 | 留意すべき主要論点

（1）　計画への影響

ITシステムという観点でいうと，対象事業をいつ売却するかという全体スキームにITシステムは大きなインパクトを与える。前述のように，対象事業を売却するということはクロージングのタイミングで最低限備えるべきITシステムの改修，契約交渉が完了できることを意味する。そのため，バイヤーサイドのITデューデリジェンス同様に，どのようなシステムに対し，どういった影響が発生し，その対応に必要になる期間はどの程度かを明らかにする必要がある。

また，クライアントからすれば，対象事業売却後，売却対象外の事業にユーザがアクセスでき，情報を閲覧できるような状態は認められない。そのため，情報漏えいを防止するための対策を講じるにあたり，どの程度の期間が必要になるかを見積もらなければならない。

（2）　社内リソース

ITデューデリジェンスにおいては，社内のITシステム要員の工数負荷の問題が発生する。

対象事業を売却する前のタイミングでは，買主側が雇ったITアドバイザー

から，IRL，Q&A が飛んでくる。ビット案件であれば，それが数社から一斉に来る。それらに対応しなければならないのだから相当数の工数が発生する。そして，多くの場合，売主側の組織内における情報開示は非常に限定的であることが通例であり，少人数でこっそりと対応する必要がある。そして，日中の定時時間に作業を行うことが厳しい場合，夜間，土日に資料をかき集めるなどの作業が必要になる。

　また，対象事業を売却した後，買主は，IT システムの再構築プロジェクトを実施する。その際，対象事業に IT システムに詳しい人材がいれば別だが，通常は，売却した側の IT システムの人員が知見提供等のため参画しなければならない。一方，対象事業以外の業務を抱えながらの参画になるため，そのリソース配分をどのようにすべきか，をあらかじめ考えておくことが必要になる。また，社外のリソースとして，IT ベンダーとの交渉も必要になる。というのも，実際の再構築作業となれば，細かな IT システム機能の要件，また対象になる IT システムに手を入れた際の影響については，運用保守を担当する IT ベンダーに聞かないとわからないためである。

（3）　費　　用

　対象事業の売却に伴う IT 費用については，2 つの算出が必要になる。

　1 つは，買主側が実施する IT システムの再構築費用の見積りである。前述のように，IT システムを再構築するための費用は，価格交渉において売主側に不利に働く。そのため，当該費用がどの程度発生するかを見積もり，場合によっては売主側の想定として提示する必要がある。

　もう 1 つは，IT システム切り離しに必要になる費用の見積りである。前述のように IT システムを切り離す場合，情報セキュリティーに関わる問題対処として，データ削除作業，ネットワークの切り替えに伴う作業などが発生するため，それらにどの程度の費用が発生するかを見積もることが必要になる。

　このように，売主側の IT デューデリジェンスは，情報入手は行いやすい一

方，買主側とはまったく異なる作業に対応しなければならない点に留意が必要である。

3 ┃ クロージングにおける論点

（1） TSA締結におけるITの論点

Day 1（新社事業開始日）までに移管・分離できない IT 資産・システムで，事業を継続するうえで必要な対象を TSA 候補とする。これら候補の IT 資産，システムの多くは，外部ベンダーのライセンスを利用している。多くの IT ベンダーは契約の有効範囲について契約主体との資本関係で定めていることが多い。そのため，グループ契約等の傘の下に，対象事業が使用する IT システムが存在する場合，その契約主体の変更をクロージングまでに実施し，覚書を取り交わすことになる。これらを怠ると，ライセンサーとの契約違反となり，売手企業はライセンサーからの訴訟リスク，最悪のケースは，訴訟が終わるまでの期間，売り手企業が契約しているすべてのシステムの利用停止のリスクがある。

TSA 期間中のシステム利用におけるライセンサーとの契約交渉は，通常の契約行為とは異なり，複雑であるため，時間を要することを念頭に置いて，交渉を行う。また，買手保有の包括契約の傘下に入れる場合，買手が IT ベンダーとの間でライセンスの追加契約等の交渉を進めることになる。仮に，利用許諾が取れない場合は，システムを継続利用できず，新規システムを構築する，もしくは買手のシステムに統合することを考える必要がある。

ライセンサーとの交渉作業においては，買手とスケジュールを共有しクロージング期限を順守することを意識する。また，買手のグループ包括ライセンスの利用など買手からライセンサーと交渉をすることで有利になるケースもあるため，必要に応じて，買手側の担当者に同席してもらうことを推奨する。

（2）　TSA締結におけるIT環境の整備

クロージング後，売却された対象事業は，買手企業となる。買手企業は，競合企業の場合もあるため，クロージング後に現状と同レベルの情報へアクセスのリスクを把握し，ビジネス・IT にて制限するべき情報を判断・適切な制御をすることで売手のブランドを守ることに留意する。

①　情報へのアクセス制限の必要性と潜んでいるリスク

ビジネスが競合している場合は，新製品情報，企業内情報などへのアクセス制限をすることにより，売手・対象会社それぞれのビジネス上の機密漏洩のリスクを低減する対応をとる。個人情報など法令で管理が必要とされているデータへのアクセスは，アクセス制限する必要がある。

クロージング後のアクセス制限の例

Seller 所有 システム	TSA で提供されるシステム	
	■アクセス権管理	：対象会社の利用ユーザのアクセス権やロールの変更
	Or	
	■データ分離	：対象会社のデータベースを分離
	Or	
	■システムクローン	：対象会社用にシステムのクローンを作成，対象会社以外のデータをトリム
	TSA で提供されないシステム	
	■アクセス権管理	：対象会社の利用ユーザ，システム管理者の権限を削除，対象会社の必要データの提供
	AND	
	■データ移行	：対象会社の環境へのデータ抽出・移行
	AND	
	■データ削除	：SPA にて規定されたシステム上の対象会社のデータ

（出所：弊社作成）

② アクセス制御する対象

　売手の情報を守るために，売手のIT部門，データオーナーとなるビジネス部門を跨ぎ，TSA期間中に提供をうける情報・データ種別，システムを特定し，対象についてアクセス制限の必要性を判断する必要がある。

（3）　TSA締結におけるセキュリティインシデント対応

　TSA期間中のサイバーリスクの把握，情報セキュリティ態勢の整理により，TSA期間中のサイバーセキュリティ対応やTSAに含めるサービスを検討し，関係者のサイバーリスクを低減する。

①　サイバーリスクの把握

　TSAにてシステムを利用継続する場合のサイバーリスクは，システム提供元の売手，利用者，加えて買手のすべてに影響する。サイバーリスクの把握は，ビジネスオペレーティングモデルを理解し，重要な要素（ブランド，オペレーション，資産や遵守するべき規制）を見極めることにより，サイバーリスクの把握し，適切な予防ができる。

②　情報セキュリティ態勢の整理

　情報セキュリティ態勢・対策については，セキュリティ管理・運用体制，サイバー攻撃・インシデントの早期検知の体制について把握する。加えて，教育受講，規定・ルール順守状況の確認，及び自主監査実施状況を確認することが望ましい。

　脆弱性診断と改善活動の把握も重要な要素となる。社外公開サービスに対するセキュリティ診断の定期的な実施状況と，診断結果，脆弱性が発見された箇所とリスク分析，改善プランの対応状況を把握する。

　インシデント発生時の報告体制については，インシデントの重要度の分類，インシデント発生時の報告ルート，売手グループで発生した際の買手への報告・連絡ルート，対象会社で発生した場合の買手への報告体制など情報のアク

買手・売手間で取り決めておくTSA期間中のサイバーセキュリティ対応例

TSA 期間中のサイバー対応の検討	TSA のサービスに含めることの検討
例 ✓TSA 対象システム・サービスの技術的なセキュリティ対応 ✓インシデント発生時の報告体制 ✓Buyer とセキュリティ系のソフトウェアの利用・変更の検討	例 ✓脆弱性診断の実施 ✓セキュリティソフトの利用契約

（出所：弊社作成）

セス制限とともに報告範囲を決めておく。

　必要に応じて，TSA 期間の情報セキュリティ態勢の維持については TSA に含めることを法務と相談する。

4 ┃ クロージング後における論点

（1）　会社・事業分離におけるITの論点

　M&A における会社あるいは事業分離案件では，事業上の分離に伴い，システム分離，契約，情報セキュリティといった観点から網羅的かつ膨大な検討が必要であり，IT 環境分離を予定期限に完了できないリスクが潜在している。分離を予定どおり推進し，主たる目的である M&A 後のシナジー発現を確実に手にするために，リスクに照らしたポイントを踏まえて，リーズナブルな検討を行う必要がある。具体的には，Day 1 から IT 環境分離完了（Day 2）までは，PMIとして IT 環境分離プロジェクトを実行するケースが多く，この期間にはプロジェクト遅延リスクのみならず，IT ライセンス違反や情報漏洩といったリスクも見受けられ，セラーサイドにおいても確実な対応が要求される。

① 分離対象システム範囲把握・分離方針の早期検討

　検討対象が，基幹・業務系・バックオフィス系のシステムやグループ共通システムに至り広範囲であることを把握していない場合，予定より分離方法の検討に時間を要し，結果として IT 環境分離の遅延につながるリスクがあるため，あらかじめ，切り離し可能な部分，ほかの業務と共有している部分を明確に整理し，セラーとしての分離方針を策定しておくことが必要となる。

② 情報セキュリティポリシー違反

　Day 1 後に，セラーサイドのシステムや執務場所の利用を認める場合，セラーサイドのセキュリティポリシーへの準拠を確保する必要がある。執務エリア・ネットワークの分離が必要な場合は，時間・コストが膨大になり，また社内の情報セキュリティポリシーに準拠していない場合は，ポリシー違反となり，継続利用ができないことも想定される。最悪の場合は，業務停止や情報漏洩につながるリスクがあるため，早い段階で Day 1 後の IT 環境の利用形態について検討を行い，情報セキュリティポリシーに準拠した環境を構築することが必要となる。

③ イントラサイト，ポータルサイトからの情報漏洩

　イントラサイトやポータルサイトの使用にあたっては，情報統制の観点から，分離対象会社・事業の従業員による Day 1 以降の継続利用可否を検討・判断する必要がある。別会社となった従業員に機密情報が共有されてしまう等，思わぬ形で情報漏洩が発生する。継続利用可否については，Day 1 時点の組織設計と合わせて検討することがポイントになる。

第 9 章

最 後 に

　ITデューデリジェンスに対するクライアントの上位層の期待値の多くは，極端に述べると「買収時およびその後に発生するIT関連の費用がどの程度必要となるかの試算結果」である。したがって，ITデューデリジェンスにおいては，前述の調査項目によって発見した事項を見積もり根拠として"可能な限り"今後発生すると思われるIT関連費用を試算することが必要となる。

　この期待値を算出するためには闇雲に調査するのではなく，対象会社・事業のITシステムの状況がどのようになっていそうなのか，対象会社・事業の歴史や商品などを確認し，過去数年前にM&Aを実施していて統合作業が完了しておらず複雑あるいは重複したITシステム環境になっていないか，商品の生産工程が複雑でこれを支えているシステムも複雑性を求められていないか，親会社やグループ会社のITシステム環境に対する依存度が高くないか，等の仮説を立て調査を実施しなければならない。

　この調査結果によっては，IT関連費用の試算に求める内容（最終報告）が"現行システムと同等レベルを運用するために必要な費用"で十分になる場合もあるが，対象会社・事業のITシステム環境がこれまでの事業環境の変化に対応しておらず，規模に見合ったシステムとなっていない場合は，"あるべきITシステム環境の構築・運用を行うために必要な費用"となったりすることがある。

　前者はITデューデリジェンス作業において大きな問題とはならないが，後者の場合は作業スケジュールに大きな影響を及ぼすため，なるべく早い段階で

218

このリスクを見極めクライアントと期待値合わせをすることが重要である。

　プロジェクト作業においてクライアントとの期待値合わせは非常に重要なことであることは改めて説明することではないが，デューデリジェンスにおいては重要な経営判断を行うための情報の整理を短期間で実施しなければならないため，クライアントとの期待値合わせの重要性が極めて高いことを改めて本書の最後に付け加えさせて頂いた。

巻末付録 カーブアウトの報告書サンプル

【前提】 ホールディングカンパニー（Aグループ）が保有する1つの事業会社（対象会社）をカーブアウトし，独立した新会社を設立。B社はAグループのIT企業，C社は外部ベンダー。

1 ITシステムに関する現状調査

1．IT Key findings（調査結果の重要事項の説明）

Item	Description	Actions/Next Steps	Risk
ITシステムの老朽化によるリスク是正に向けた過大なIT投資の発生	►ITベンダーが製品の動作保障，問合せ対応を終了し，当該製品の不具合発生時，ITベンダーの協力を得られず，ITシステムが復旧できないリスクを抱えているかを検知します。なお，製品バージョンアップ作業に，通常，ITシステムが適正な動作を行うかの影響調査，テスト，切替作業が必要となるため，数百万～数千万円の投資規模となります。 ►対象会社利用ITシステムを調査した結果，以下の老朽化ITシステムの存在を検知しています。 ● サポート終了のバージョン・プログラムで，現在も稼働中のITシステム ● サポート終了のWin2003Server上で動かしているITシステム：	老朽化システムの確認と対応策検討 ►検知した老朽化ITシステム，および他の潜在的リスクを有するITシステムに関する詳細情報開示を求めるとともに，老朽化対応計画，および想定費用を試算し，早期に対策を講じることが必要です。	High
他社保有ITシステムを継続利用時，他社都合によるITシステム機能改修，バージョンアップ等に伴う過大なIT関連運用の負担	►対象会社利用ITシステムが，他社と共用の場合，他社都合によるバージョンアップ，機能拡張を行った結果，その関連作業，費用を対象会社が負担するリスクの有無を検知します。そして，契約書上，各種条件(利用料等)の合意をしておくことが必要です。 ►共用ITシステムとして，20個のアプリケーションを検知しています。 ►共有システムへの業務要件による追加開発は，毎年度Bが各社から要望を吸い上げ，優先順位付けを行い，予算化しています。 ►過去には○○導入等によるシステム費用の増加がみられましたが，近年IT予算は抑制されている傾向にあるため，他社都合によるIT投資に伴うシステム費用の増加リスクは低いと推察します。	―	Low

220

２．ITシステム構成の現状 ―― A保有システムに依存，老朽化も発生しており想定外の費用発生リスクあり

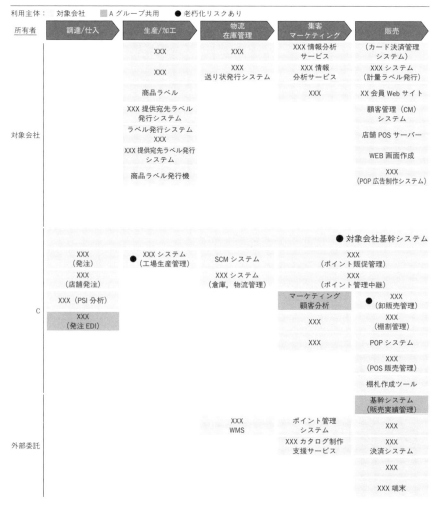

【システム構成（AS-IS）補足】
- 対象会社システムは，大小のパッケージ・システムを中心に構成しているが，対象会社基幹システムはカスタムメイドで開発したシステムを使用。
- 対象会社システム方針としては，パッケージ・システムの使用を前提としており，追加開発，カスタムメイド開発は最小化する方針。
- 過去の企業合併に伴うシステム統合・整備対応は完了。
- 使用システムの種類が多くなっているが，フロント業務系ユーザが使用するシステムは限られているため，業務の非効率性は限定的である一方，バックオフィス業務系ユーザは，複数事業部の業務を実施するため，複数システムを参照しながら作業を進めることが多く，業務が非効率化している可能性がある。

会計	人事・総務	インフラ	
XXX (経理)		標準端末 (PC)	ホームページ
固定資産 管理システム		独自端末 (PC)	XXX
XXX		● 共有ファイル サーバー(1)	XXX
XXX (資金繰り管理)		● 共有ファイル サーバー(2)	携帯電話端末
XXX 売上金 回収委託		社内情報ページ	
XXX (カード決済管理)			

クレジット取引明細/ 売上日報出力	統合認証システム (担当者認証)	XXX (本部店舗間連携)
経理システム (仕入, 買掛, 在庫, 損益管理)	XXX (人材管理)	XX 管理システム (ポイント管理)
XXX (売益分析 BI)	XXX (勤怠管理)	XXX (セキュリティ)
XXX (統合会計)		XXX
XXX (管理会計)		

資金繰り管理システム
(XX)

- バックオフィスシステムの一部は、他社と共有使用をしており、共有機能に手を加えるような改修を行うことは、親会社グループ全体との関係もあり、困難。
- 対象会社使用システムの一部システムは、IT ベンダーの保守サポートが終了しており、バージョンアップ等の対応が必要な状況。

【考察】
- IT グランドデザインとして、ビジネスの特性に合わせ最適と考えるシステムを組み合わせて構成しており、大きな問題は見受けられない。
- 業務効率についてフロント系システムに大きな課題はないと回答しているが、システム改善要望の大半が保留となっており、業務効率の詳細検証を推奨、また、RPA（ロボティックス・プロセス・オートメーション)/AI（人工知能システム）テクノロジーの導入が有効であるが、当該取り組みについてはまだ着手できておらず、早急な検討と導入を推奨。

3．ネットワーク構成の現状 ── Ａグループが使用するデータセンター（DC），ネットワークに依存

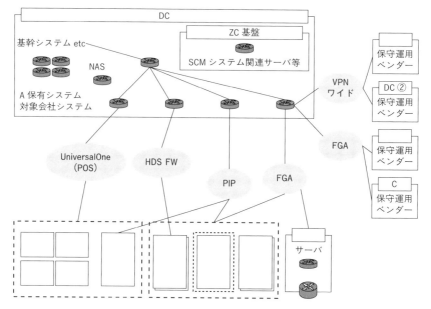

【総評】
- 開示資料より，A グループが使用する DC，ネットワークに依存している可能性が高いと推察します。

【ネットワーク構成（AS-IS）補足】
- 大部分のシステムが配置されている DC には，A グループ共有システムも存在。
- DC ②は旧 POS 参照用に利用。
- 事業継続計画（BCP）については，対象会社のリスクマネジメント規程において，計画の策定，リスクマネジメントの指導・監督を義務付けている。
- ZC 基盤に依存するシステム：XXX，XXX，XXX。

4．IT関連組織 ── XX名で対象会社IT関連業務を実施しているも，Aグループに依存

IT 関連組織

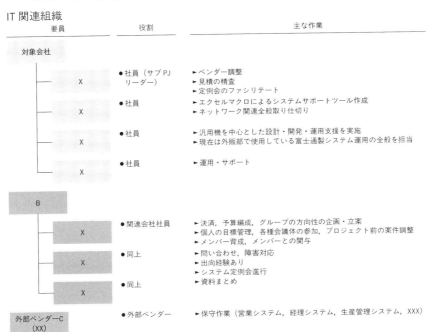

要員	役割	主な作業
対象会社		
X	●社員（サブPJリーダー）	▶ベンダー調整 ▶見積の精査 ▶定例会のファシリテート
X	●社員	▶エクセルマクロによるシステムサポートツール作成 ▶ネットワーク関連全般取り仕切り
X	●社員	▶汎用機を中心とした設計・開発・運用支援を実施 ▶現在は外販部で使用している富士通製システム運用の全般を担当
X	●社員	▶運用・サポート
B		
X	●関連会社社員	▶決済，予算編成，グループの方向性の企画・立案 ▶個人の目標管理，各種会議体の参加，プロジェクト前の案件調整 ▶メンバー育成，メンバーとの関与
X	●同上	▶問い合わせ，障害対応 ▶出向経験あり ▶システム定例会進行
X	●同上	▶資料まとめ
外部ベンダーC（XX）	●外部ベンダー	▶保守作業（営業システム，経理システム，生産管理システム，XXX）

【総評】
- 対象会社IT関連業務は自社情報システムが担当し，その他はBおよび外部ベンダーCによって実施されています。
- クロージング後におけるB，および外部ベンダーCの継続支援可能性に関しては，未確定です。

【継続利用可否】
- クロージング後の継続利用可否は未確定であるが，契約更改によりB，および外部ベンダーCの継続支援を前提。

【ベンチマーク情報】
- 同業種・同規模企業の総従業員数/IT人員比率の平均値（X%）から算出した，妥当なIT人員数は，XX人。現状のIT人員数は関連会社人員と外部ベンダーを含め，XX名であり，比較的少数のIT人員で業務を実施している状態。

5．IT関連組織 —— 戦略/企画，運用/保守はＡグループに依存，関与ベンダーはXX社に上る状況

IT 業務分担状況

Phase	Task	対象会社	B	C
戦略/企画	IT 戦略立案	−		−
	IT 予算計画と執行	−		−
	IT 要員計画/人材管理	−		−
	システム開発計画立案	−		−
	プロジェクトマネジメント	−		−
	ベンダー管理		−	
開発	要件定義			−
	設計（基本/詳細）			−
	開発			−
	テスト（単体/結合/総合）			−
	受入テスト		−	−
	導入/納品支援		−	−
運用/保守	障害監視対応			
	運用/保守			
	システム改善/変更	−		−
	ヘルプデスク			−

【総評】
- IT 関連組織は，対象会社経営企画部情報システム担当が IT 関連業務の多くを担っているが，IT 戦略/企画系業務は B 人員に依存している状況であるため，スタンドアローン化に向け，当該業務を実施可能な人員の確保が必要と推察します。

【戦略/企画】
- ベンダー管理を除く，IT 戦略/企画業務の多くは B 人員に依存，新規人員の採用等のスタンドアローン化対応が必要。

【開発】
- 一部の開発は，内製化で対応していると推察するが，B は関わらずスタンドアローン化対応は不要。

【運用/保守】
- 一部の障害監視，運用/保守，ヘルプデスク業務は B 人員に依存，新規人員の採用等のスタンドアローン化対応が必要。

【External Vendors 内訳】
- XX 社のベンダーが関与しており，ベンダー管理は煩雑であると推察。
- XXX，XXX，XXX。

6. IT関連契約 ── Cが契約主体である対象会社利用システムが存在, 株主変更に伴う対応が必要

凡例：── 委託・契約関係　── 資本関係　□取引対象

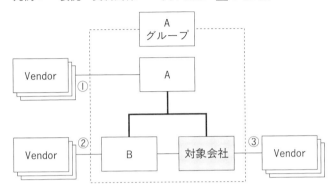

【総評】

- 対象会社利用システムのうち, Bが契約主体であるシステムが存在し, 株主変更に伴う契約更改, およびA・対象会社間における対象会社システム利用に関する新たな契約締結等の対応が必要な状況です。

【IT関連契約】

① 　Aが契約主体となり, アプリケーションベンダー, サプライヤー, および保守委託会社と包括契約・個別契約を締結

- 契約対象（契約ベンダー）：なし

② 　Bが契約主体となり, アプリケーションベンダー, サプライヤー, および保守委託会社と包括契約・個別契約を締結

- 契約対象（契約ベンダー）：XXX, XXX, XXX

③ 　対象会社が契約主体となり, アプリケーションベンダー, サプライヤー, および保守委託会社と個別契約を締結

- 契約対象（契約ベンダー）：XXX, XXX, XXX

226

7．IT一時費用/IT運用費用

実績←　｜　→予定

IT 運用費用（保守関連費用）						
単位：百万円	20XX/X	20XX/X	20XX/X	20XX/X	20XX/X	20XX/X
B						
B 譲渡システム運用費用	XXX.X	XXX.X	XXX.X	－	－	－
B 譲渡システム減価償却費	XXX.X	XXX.X	XXX.X	－	－	－
その他システム運用費用*1	XXX.X	XXX.X	XXX.X	－	－	－
A 共有システム運用費用*2	XXX.X	XXX.X	XXX.X			
カード						
XXX 使用料	XXX.X	XXX.X	XXX.X	－	－	－
外部取引						
外部支払費用	XXX.X	XXX.X	XXX.X	－	－	－
小計	XXX.X	XXX.X	XXX.X	－	－	－
IT 一時費用分割支払分(B)	XXX.X	XXX.X	XXX.X	XXX.X	XXX.X	XXX.X
合計	XXX.X	XXX.X	XXX.X	XXX.X	XXX.X	XXX.X

*1　1 ポイント利用に伴う支払額 XX 百万円/月を含む
*2　IT 一時費用分割支払分は，下記 C による開発費用を一括払い，もしくは分割払い（6 回，
60回，84回）として分割費用計上

費用詳細は，別紙「XXX.xlsx」参照

IT 一時費用（開発関連費用）*3						
単位：百万円	20XX/X	20XX/X	20XX/X	20XX/X	20XX/X	20XX/X
C 老朽化対応	XXX.X	XXX.X	XXX.X	XXX.X	XXX.X	XXX.X
C 新システム構築	XXX.X	XXX.X	XXX.X	XXX.X	XXX.X	XXX.X
C その他改善対応	XXX.X	XXX.X	XXX.X	XXX.X	XXX.X	XXX.X
C 不明	XXX.X	XXX.X	XXX.X	XXX.X	XXX.X	XXX.X
小計	XXX.X	XXX.X	XXX.X	XXX.X	XXX.X	XXX.X
その他改善対応	XXX.X	－	－	－	－	－
合計	XXX.X	XXX.X	XXX.X	XXX.X	XXX.X	XXX.X

*3　IT 一時費用の分類は，受領資料「XX」における支払明細に基づく

【総評】
　20XX/X 期における B へのシステム譲渡以降，内部取引として B に対する支払が発生しています。

【IT 運用費用（保守関連費用）】
- 対象会社の年間 IT 運用コストは，20XX/X 期に約 XXX 百万円，20XX/X 期に約 XXX 百万円，20XX/X 期に約 XXX 百万円と推移（情報開示により費用変動の可能性あり）。
- A 共有システム利用料の多数は使用部門（経理，人事，等）に直接請求が実施されており，利用料明細について各部門に調査依頼中（20XX/X/X 週受領予定）。

【IT 一時費用（開発関連費用）】
- IT 一時費用は，開示資料「XX」に含まれる「開発」および「調達・工事」関連費用の集計結果に基づく（分割支払の場合，請求開始年度に計上）。
- SCM プロジェクトにより，20XX/X 期，20XX/X 期における IT 一時費用に上昇傾向が見受けられる。
- 例年は約 XXX 百万円をシステム関連投資（新規構築，改善対応）予算として確保しているが，予算縮小方針に伴い20XX/X 期は約 XX 百万円，20XX/0X 期は約 XX 万円と推移（インタビューより。上記集計結果にはその他投資額を含む）。
- 20XX/X 期，及び20XX/X 期におけるシステム投資予算資料依頼中（20XX/X/X 週受領予定）。

8．IT一時費用/IT運用費用 — IT関連費用（一時費用分割支払分＋運用費用）は過去3年で顕著に増加

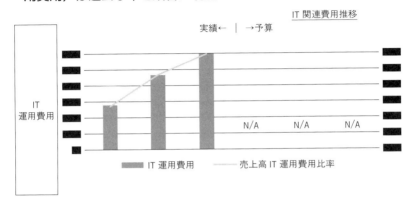

【売上高】
- 売上高（20XX/X）：XX 百万円
- 売上高（20XX/X）：XX 百万円
- 売上高（20XX/X）：XX 百万円

【IT 運用費用】
- IT 運用費用（20XX/X）：XX 百万円
- IT 運用費用（20XX/X）：XX 百万円
- IT 運用費用（20XX/X）：XX 百万円
- 売上高IT 運用費用比率（20XX/X）：XX%
- 売上高IT 運用費用比率（20XX/X）：XX%
- 売上高IT 運用費用比率（20XX/X）：XX%

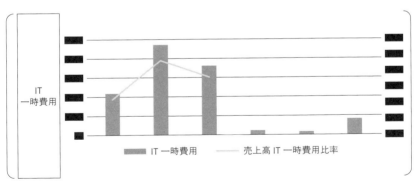

【IT 一時費用】
- IT 一時費用（20XX/X）：XX 百万円
- IT 一時費用（20XX/X）：XX 百万円
- IT 一時費用（20XX/X）：XX 百万円
- IT 一時費用（20XX/X）：XX 百万円
- IT 一時費用（20XX/X）：XX 百万円
- IT 一時費用（20XX/X）：XX 百万円
- 売上高IT 一時費用比率（20XX/X）：XX%
- 売上高IT 一時費用比率（20XX/X）：XX%
- 売上高IT 一時費用比率（20XX/X）：XX%

228

9．IT一時費用/IT運用費用 — IT運用費用はXX業界他社と比較し平均的水準で推移（m：百万円）

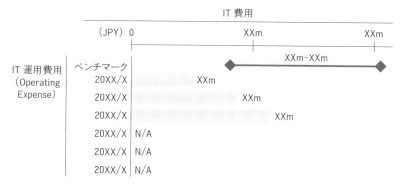

【IT 運用費用】
- 対象会社の年間IT運用コストは，20XX/X 期に約 XX 百万円，20XX/X 期に約 XX 百万円，20XX/X 期に約 XX 百万円と推移。
- XX 業界売上同規模会社の IT 運用コストは約 XX-XX 百万円であり，対象会社は平均的な水準と比較し低い傾向。
- 本案件実施後により，A グループより提供されているシステムを利用できなくなり自社で賄う必要が生じた場合に発生するコスト，これまでシステムに関する業務を B に委託することにより割高になっていたコストが削減する可能性が潜在。

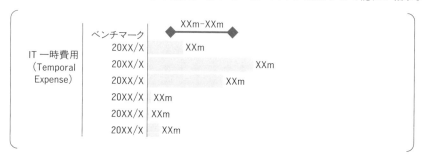

【IT 一時費用】
- 対象会社の年間IT 一時コストは，20XX/X 期に XX 百万円を計上。
- XX 業界同規模会社の平均 IT 投資は，定常投資で XX 百万円，プロジェクト発生時で XX 百万円であり，対象会社の IT 投資は業界水準に比べて低く抑えられている状況であるが，SCM プロジェクト，および POS 導入により，20XX/X 期における IT 一時費用に上昇傾向が見受けられる。
- 対象会社概算によると XX システムを廃止することによる一時費用は XX～XX 百万円，削減可能な費用は XX 百万円/年，および XX 百万円/年。
- XX システム（ソフトウェアのみ）を開発した際の開発費用分割負担額の残存額がある場合，除却時に対象会社負担となり，最大約 XX 百万円を想定。

2 クロージング後の全体像

1. システム再構築方針 ── 現行システムを継続しつつも,安定性と収益性を向上するシステム基盤

【新会社 IT システム基盤要件】

新会社事業の継続性を担保できる IT システム基盤であること

新会社ビジネスが,新たなサービスを展開するなど,変化した場合にも柔軟に対応できる IT システム基盤であること

新会社全体の業務効率,IT システム費用を最適化し,収益性の最大化を図ることができる IT システム基盤であること

【IT システム全体の方針】

現状のシステム構成は,ベストオブブリード型のシステム構成であり,新たなサービスの展開にも,比較的対応しやすく,現状を維持

バックオフィス系業務を中心に,IT システムが混在することによる非効率性は,RPA テクノロジーを活用し,業務効率を最大化するプロセスを構築

- IT 関連組織

B は,A グループ全体の方針を加味して企画を実施しており,新会社要望を優先できるかは不透明

そのため,企画機能は,新会社内部に保有すべきであり,IT 企画人員の採用,外部リソースの投与を図り,企画機能を強化

- IT 関連契約

資本関係が51%を割ることでグループ企業内のライセンス使用が禁止される契約は,新会社を契約主体として更改手続きを実施

【その他,課題に対する対応方針】

- 老朽化システム

事業の継続性の観点から,再構築が必要なシステムは再構築を実施。ただし,B が保有し,B が対応の必要性がないと考えるシステムは,新会社−B 間の業務委託契約で担保。

- A 共有システム,スタンドアローン化

パッケージシステムを活用し再構築,追加開発は最小化(バニラ)し,業務の効率性が低下する業務プロセスは,RPA テクノロジーを活用し,業務効率を追求。

２．ITシステム構成（クロージング）── 資産を買い取り，共有システムの使用を停止し，システム再構築

利用者凡例：　新会社専用　　●老朽化リスクあり　　老朽化認識あり　　■スタンドアローン化対応

所有者	調達/仕入	生産/加工	物流 在庫管理	集客 マーケティング	販売
		XXX	XXX	XXX 情報分析 サービス	（カード決済管理 システム）
		XXX	XXX 送り状発行システム	XXX 情報 分析サービス	XXX システム （計量ラベル発行）
		商品ラベル 発行システム		XXX	XXX 会員 Web サイト
		XXX 提供宛先ラベル 発行システム			顧客管理（CM） システム
		ラベル発行システム XXX			店舗 POS サーバー
		XXX 提供宛先ラベル発行 システム			シェルフラベル発行 システム
		商品ラベル発行機			WEB 画面作成
		XXX 印刷システム			XXX （POP 広告制作システム）
新会社					XXX （店舗図面作成）
				● 対象会社基幹システム(I/F 連携，マスタ管理)	
	XXX （発注）	● XXX システム （工場生産管理）	SCM システム		XXX （ポイント販促管理）
	XXX （店舗発注）		XXX システム （倉庫，物流管理）		XXX （ポイント管理中継）
	XXX （PSI 分析）			マーケティング 顧客分析	● XXX （卸販売管理）
	XXX （発注 EDI）			XXX	XXX （棚割管理）
				XXX	POP システム
					XXX （POS 販売管理）
					棚札作成ツール
					基幹システム （販売実績管理）
			XXX WMS	ポイント管理 システム	XXX
外部委託				XXX カタログ制作 支援サービス	XXX 決済システム
					XXX
					XXX 端末

会計	人事・総務	インフラ	
XXX （経理）		標準端末 （PC）	ホームページ
固定資産 管理システム		独自端末 （PC）	XXX
XXX		● 共有ファイル サーバー(1)	XXX
XXX （資金繰り管理）		● 共有ファイル サーバー(2)	携帯電話端末
XXX 法人税・地方税		社内情報ページ	
XXX 売上金 回収委託			
XXX （カード決済管理）			

クレジット取引明細/ 売上日報出力	統合認証システム （担当者認証）	XXX （本部店舗間連携）
経理システム （仕入, 買掛, 在庫, 損益管理）	XXX （人材管理）	XX 管理システム （ポイント管理）
XXX （売益分析 BI）	XXX （勤怠管理）	XXX （セキュリティ）
● XXX （統合会計）		XXX
XXX （統合会計）		
XXX （管理会計）		

資金繰り管理システム
（XX）

3．ネットワーク（NW）構成 ── グループ離脱に伴いデータセンター移設，新規ネットワーク構築

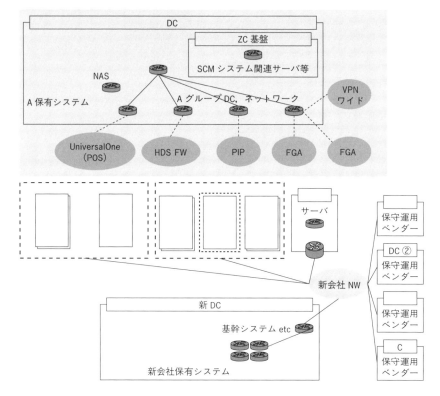

【総評】
- A グループが使用する DC から新 DC に移設します。
- A グループ DC から各店舗と外部ベンダーに接続するネットワークを切断し，新会社用ネットワークに接続します。

【考察】
- スタンドアローン化により A グループへの依存は切れるものの，DC の移設，ネットワーク再構築には相当なコストが発生するものと推察。

4．IT関連組織 ─── B委託中止に伴う新規採用

IT 関連組織

要員	役割	主な作業
新会社		
X	●社員（サブ PJ リーダー）	► ベンダー調整 ► 見積の精査 ► 定例会のファシリテート
X	●社員	► エクセルマクロによるシステムサポートツール作成 ► ネットワーク関連全般取り仕切り ► 現場（店舗）の機器全般の対応，端末管理
X	●社員	► 自社開発環境で COBOL を中心とした設計・開発・運用支援を実施 ► 現在は外販部で使用している富士通製システム運用の全般を担当
X	●社員	► カード運用・サポート
IT-Manager	●新規社員	► IT 企画，決済，予算編成 ► 個人の目標管理，各種会議体の参加，プロジェクト前の案件調整 ► メンバー育成，メンバーとの関与
IT-Staff	●同上	► システム保守メンバー ► 営業システム，及び SCM 関連システム（棚割システム，等）担当 ► 問い合わせ，障害対応
IT-Staff	●同上	► システム定例会進行 ► 資料まとめ
外部ベンダーC （XX）		► 保守作業：再構築済各種システムのメンテナンス等

【総評】
- B への IT 業務委託を停止し，新会社で IT 関連業務を内製化します。

5．IT関連契約 ── 契約の更改手続きを進め，新会社を契約主体に切り替え

凡例：── 委託・契約関係　━━ 資本関係　☐ 取引対象

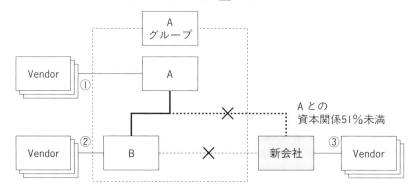

【総評】
- 新会社が B から IT 関連資産の譲渡を受け，各システムのベンダー契約は新会社で再締結します。

【IT 関連契約】
① A が契約主体となり，アプリケーションベンダー，サプライヤー，および保守委託会社と包括契約・個別契約を締結
- 契約対象（契約ベンダー）：なし
② B が契約主体となり，アプリケーションベンダー，サプライヤー，および保守委託会社と包括契約・個別契約を締結
- 契約対象（契約ベンダー）：なし
③ 新会社が契約主体となり，アプリケーションベンダー，サプライヤー，および保守委託会社と個別契約を締結
- 契約対象（契約ベンダー）：XXX，XXX，XXX
- 老朽化に対応しリプレイスするシステムについての Vendor 契約，および対象会社使用システム再構築に係るベンダー

3 ITシステム再構築計画

1. 全体計画方針 — 事業の継続性と, 業務パフォーマンス向上を優先した上で, スタンドアローン化を実施

【前提】
- ▶ 現状使用している A グループ共通システムの利用, B への IT 関連業務の委託は, クロージング後も費用の増額なく継続可能。
- ▶ 3 年以内に保守期限切れとなるハードウェアがあり, 優先的な対応が必要 (また, 保守期限切れアプリケーションも存在し, 対応する場合, 優先対応が必要), 割販法対応, 消費税対応, Windows10対応の要件対応も必要。
- ▶ フロント系, バックオフィス系業務について, 煩雑なオペレーション実施の可能性あり。

【全体計画方針】
- ▶ 老朽化対応は事業の継続性に向けた重要リスクであり対応が不可欠であり, 法令対応等の対応も, 事業を継続するために不可欠であり, 最優先で実施。
- ▶ システム利用に関する条件を維持した状態での継続利用の可能性が高いためスタンドアローン化対応は, 緩やかに実施。

【スケジュール】
- ▶ 各パターンごと, 以下のスケジュールでシステム計画の遂行を想定。
  - ①20XX 年に到来するハードウェア保守期限に向けて, 20XX 年にハードウェア調達, その後 2 年間でハードウェア更改に伴うアプリケーション改修, I/F 構築を実施。
  - ②上記①に加え, ハードウェアの更改に合わせるスケジュールでソフトウェアの更改を実施。
  - ③上記, 老朽化, 法令要件対応後, IT 基盤(システム/ネットワーク/DC/組織/契約)のスタンドアローン化を実施。

２．実行スケジュール ―― クロージング前に全体計画を立案し，20XX年 X月以降の作業開始を想定

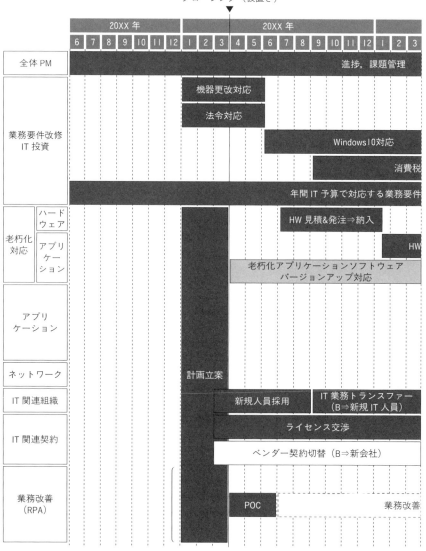

凡例　■必須対応　▨老朽化対応　□完全スタンドアローン化対応

各種イベントは，弊社経験に基づく
スタンドアローン化
▼

20XX 年									20XX 年											
4	5	6	7	8	9	10	11	12	1	2	3	4	5	6	7	8	9	10	11	12

対応

システム改修

更改に伴うアプリケーション改修&データ以降&I/F 再構築

会計系システム再構築

人事系システム再構築

その他システム

新会社ネットワーク
構築/DC 移設

実施　　　　　●───必要性を見極めた上
　　　　　　　　　　で，想定効果が費用　推奨
　　　　　　　　　　を上回れば実施

3．IT一時費用/IT運用費用——本案件に伴う発生一時費用の合計 (20XX/X期～20XX/X期) は，約XX百万円 (B資産継続利用時)

IT 運用費用（減価償却費を含む）

IT 運用費用					
シナリオ	老朽化対応				
単位：百万円	20XX/X	20XX/X	20XX/X	20XX/X	20XX/X
本案件に起因しない IT 運用費用					
B 支払費用	XXX.X	XXX.X	XXX.X	XXX.X	XXX.X
A 共有システム利用料	XXX.X	XXX.X	XXX.X	XXX.X	XXX.X
XXXX 支払費用	XXX.X	XXX.X	XXX.X	XXX.X	XXX.X
外部取引支払費用	XXX.X	XXX.X	XXX.X	XXX.X	XXX.X
老朽化対応システム	XXX.X	XXX.X	XXX.X	XXX.X	XXX.X
A)小計	XXX.X	XXX.X	XXX.X	XXX.X	XXX.X
本案件に伴う発生 IT 運用費用	XXX.X	XXX.X	XXX.X	XXX.X	XXX.X
A 共有システム再構築（運用費用）	XXX.X	XXX.X	XXX.X	XXX.X	XXX.X
アプリケーション（B 資産購入）	XXX.X	XXX.X	XXX.X	XXX.X	XXX.X
インフラ	XXX.X	XXX.X	XXX.X	XXX.X	XXX.X
IT 人員	XXX.X	XXX.X	XXX.X	XXX.X	XXX.X
B)小計	XXX.X	XXX.X	XXX.X	XXX.X	XXX.X
A+B)合計	XXX.X	XXX.X	XXX.X	XXX.X	XXX.X
C)B 開発分割支払費用	XXX.X	XXX.X	XXX.X	XXX.X	XXX.X
D)減価償却費（新規投資分）	XXX.X	XXX.X	XXX.X	XXX.X	XXX.X
A+B+C+D)合計	XXX.X	XXX.X	XXX.X	XXX.X	XXX.X
その他投資対象運用費用（Analytics, RPA）	XXX.X	XXX.X	XXX.X	XXX.X	XXX.X
E)小計	XXX.X	XXX.X	XXX.X	XXX.X	XXX.X
A+B+C+D+E)合計	XXX.X	XXX.X	XXX.X	XXX.X	XXX.X

IT 一時費用

IT 一時費用					
シナリオ	老朽化対応				
単位：百万円	20XX/X	20XX/X	20XX/X	20XX/X	20XX/X
本案件に起因しない IT 一時費用					
老朽化対応（対象会社認識対象）	XXX.X	XXX.X	XXX.X	XXX.X	XXX.X
老朽化対応（対象会社未認識対象）	XXX.X	XXX.X	XXX.X	XXX.X	XXX.X
業務要件改修 IT 投資（非定常プロジェクト投資）	XXX.X	XXX.X	XXX.X	XXX.X	XXX.X
定常投資	XXX.X	XXX.X	XXX.X	XXX.X	XXX.X
A)小計	XXX.X	XXX.X	XXX.X	XXX.X	XXX.X
A)小計（シナリオ別）	XXX.X	XXX.X	XXX.X	XXX.X	XXX.X
本案件に伴う発生 IT 一時費用	XXX.X	XXX.X	XXX.X	XXX.X	XXX.X
Oracle ライセンス再購入	XXX.X	XXX.X	XXX.X	XXX.X	XXX.X
アプリケーション（B 資産購入）	XXX.X	XXX.X	XXX.X	XXX.X	XXX.X
A 共有システム再構築	XXX.X	XXX.X	XXX.X	XXX.X	XXX.X
インフラ	XXX.X	XXX.X	XXX.X	XXX.X	XXX.X
IT 人員	XXX.X	XXX.X	XXX.X	XXX.X	XXX.X
B)小計	XXX.X	XXX.X	XXX.X	XXX.X	XXX.X
B)小計（シナリオ別）	XXX.X	XXX.X	XXX.X	XXX.X	XXX.X
A+B)合計	XXX.X	XXX.X	XXX.X	XXX.X	XXX.X
A+B)合計（シナリオ別）	XXX.X	XXX.X	XXX.X	XXX.X	XXX.X
その他投資対応（Analytics, RPA）	XXX.X	XXX.X	XXX.X	XXX.X	XXX.X
C)小計	XXX.X	XXX.X	XXX.X	XXX.X	XXX.X
A+B+C)合計	XXX.X	XXX.X	XXX.X	XXX.X	XXX.X
A+B+C)合計（シナリオ別 5 期総額）	XXX.X	XXX.X	XXX.X	XXX.X	XXX.X

Note：業務要件対応，A 共有システムの関連費用について，インタビュー内で情報依頼済み
詳細は別紙参照

完全スタンドアローン化				
20XX/X	20XX/X	20XX/X	20XX/X	20XX/X
XXX.X	XXX.X	XXX.X	XXX.X	XXX.X
XXX.X	XXX.X	XXX.X	XXX.X	XXX.X
XXX.X	XXX.X	XXX.X	XXX.X	XXX.X
XXX.X	XXX.X	XXX.X	XXX.X	XXX.X
XXX.X	XXX.X	XXX.X	XXX.X	XXX.X
XXX.X	XXX.X	XXX.X	XXX.X	XXX.X
XXX.X	XXX.X	XXX.X	XXX.X	XXX.X
XXX.X	XXX.X	XXX.X	XXX.X	XXX.X
XXX.X	XXX.X	XXX.X	XXX.X	XXX.X
XXX.X	XXX.X	XXX.X	XXX.X	XXX.X
XXX.X	XXX.X	XXX.X	XXX.X	XXX.X
XXX.X	XXX.X	XXX.X	XXX.X	XXX.X
XXX.X	XXX.X	XXX.X	XXX.X	XXX.X
XXX.X	XXX.X	XXX.X	XXX.X	XXX.X
XXX.X	XXX.X	XXX.X	XXX.X	XXX.X
XXX.X	XXX.X	XXX.X	XXX.X	XXX.X
XXX.X	XXX.X	XXX.X	XXX.X	XXX.X
XXX.X	XXX.X	XXX.X	XXX.X	XXX.X

完全スタンドアローン化				
20XX/X	20XX/X	20XX/X	20XX/X	20XX/X
XXX.X	XXX.X	XXX.X	XXX.X	XXX.X
XXX.X	XXX.X	XXX.X	XXX.X	XXX.X
XXX.X	XXX.X	XXX.X	XXX.X	XXX.X
XXX.X	XXX.X	XXX.X	XXX.X	XXX.X
XXX.X	XXX.X	XXX.X	XXX.X	XXX.X
XXX.X	XXX.X	XXX.X	XXX.X	XXX.X
XXX.X	XXX.X	XXX.X	XXX.X	XXX.X
XXX.X	XXX.X	XXX.X	XXX.X	XXX.X
XXX.X	XXX.X	XXX.X	XXX.X	XXX.X
XXX.X	XXX.X	XXX.X	XXX.X	XXX.X
XXX.X	XXX.X	XXX.X	XXX.X	XXX.X
XXX.X	XXX.X	XXX.X	XXX.X	XXX.X
XXX.X	XXX.X	XXX.X	XXX.X	XXX.X
XXX.X	XXX.X	XXX.X	XXX.X	XXX.X
XXX.X	XXX.X	XXX.X	XXX.X	XXX.X
XXX.X	XXX.X	XXX.X	XXX.X	XXX.X
XXX.X	XXX.X	XXX.X	XXX.X	XXX.X
XXX.X	XXX.X	XXX.X	XXX.X	XXX.X

240

４．IT一時費用/IT運用費用 —— 完全スタンドアローン化を目指した場合，20XX/X期以降キャッシュアウトおよびPLインパクトはともに最大

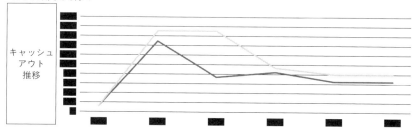

キャッシュアウト推移（IT 一時費用＋IT 運用費用）
■：老朽化対応　■：完全スタンドアローン化
※C 分類費用を除く

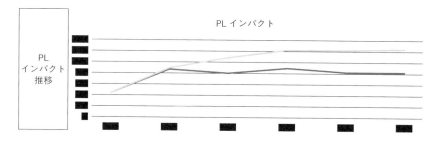

PL インパクト推移（IT 運用費用＋減価償却費）
■：老朽化対応　■：完全スタンドアローン化

5．調査ステータス

開示依頼情報	開示依頼情報（詳細）	回答（From 対象会社）	情報提供時期
システム（ハードウェア）における詳細情報	● ハードウェア名，用途 ● ハードウェアの資産計上先（貴社，A 等） ● 契約主体（貴社，A 等） ● 取得価額，耐用年数，残存簿価，および月額減価償却費 ● ハードウェア・ミドルウェア（アプリケーションサーバー，データベースサーバー）のバージョン情報	● 老朽化把握のためバージョン情報を最優先事項として対応。各部門へのヒアリングにより新たに判明した情報は，その都度順次送付	バージョン情報：主要な項目（システム部門が把握している対象）は X 月中開示予定
A 共有システム利用料	● A グループ共有システム（XXX，XXX，XXX）の支払費用内訳	● 各部門に対して請求されているため，段階分けをして，①主要シェアードシステム②各部門管理システム，を調査	20XX/X/X 週
過去投資実績	● 20XX/X 期，および20XX/X 期における投資実績	● 20XX 年度，および20XX 年度の投資予算資料について，別途送付	20XX/X/X 週
業務要件対応における発生費用概算	以下の業務要件対応に伴う発生費用における①発生費用金額，②費用発生時期 ● 消費税対応	● 費用を概算のうえ送付	20XX/X 中月

4 付 録

1．ITシステム再構築，推進体制

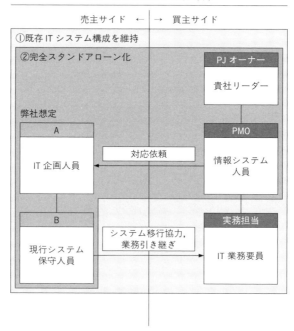

クロージング後の IT 体制（案）

▶スタンドアローン化に向けた体制に必要となる人的要件は以下を想定
- PJ オーナー
    —— プロジェクトの最終意思決定を行う権限を有する
- PMO
    —— 複数同時並行するプロジェクトのスケジュール管理ができる
    —— プロジェクトの予算管理ができる
    —— ライセンスベンダー交渉，システム導入ベンダーの管理ができる
- 実務担当
    —— IT システムの専門知識を有する
    —— システム導入，システム保守の経験を有する

2．ITシステム構成（アプリ一覧）

凡例　■：B所有システム

ID	業務	システム機能	システム名	概要	ベンダー	開発年月	所有者
21	調達/仕入	店舗在庫発注	XXX	店舗の在庫や発注を管理するシステム	XXX	Jul-15	B
22	調達/仕入	店舗在庫発注	XXX	XXXを利用した発注入力システム	XXX	Jul-15	B
23	調達/仕入	情報分析	XXX	単品分析まで可能とする分析システム	XXX	Jul-15	B
26	調達/仕入	発注＋実績収集	XXX	発注/実績収集等のEDIサービス	[OPEN]	N/A	B
27	調達/仕入	発注	XXX	発注EDIサービス	XXX	N/A	Outsource
48	調達/仕入	受発注	XXX	XXXで構築/運用されている商品受発注システム	[OPEN]	N/A	Outsource
62	生産/加工	放射能検査	XXX	食品中の放射能含有量を検査，計測するシステム	[OPEN]	N/A	対象会社
70	生産/加工	データ管理	XXX印刷システム	N/A	[OPEN]	N/A	対象会社
71	生産/加工	HP	XXX提供商品ラベル発行システム	N/A	[OPEN]	N/A	対象会社
72	生産/加工	商品ラベル発行	商品ラベル発行システム（XXX工場内）	N/A	[OPEN]	N/A	対象会社
73	生産/加工	送り状発行	XXX提供宛先ラベル発行システム	N/A	[OPEN]	N/A	対象会社
75	生産/加工	商品ラベル発行	XXX提供宛先ラベル発行システム	N/A	[OPEN]	N/A	対象会社
76	生産/加工	商品ラベル発行	商品ラベル発行機（XXX工場内）	N/A	[OPEN]	N/A	対象会社
25	物流	倉庫在庫管理	XXXWMS	倉庫センター業務を委託する上で，XXX側で構築/運用している在庫管理システム	[OPEN]	N/A	Outsource
28	物流	発注(青果)	XXX	XXX向け生鮮カテゴリ商品発注入力システム	XXX	N/A	対象会社
69	物流	データ管理	XXX送り状発行システム	N/A	[OPEN]	N/A	対象会社
78	物流	[OPEN]	[OPEN] SCMシステム	N/A	[OPEN]	N/A	B
6	マーケティング	ポイント管理	ポイント管理システム	会員およびポイントの管理を行うシステム	[OPEN]	N/A	Outsource
14	マーケティング	顧客分析	XXX情報分析サービス	顧客企業のマーケティングプロセス最適化のための分析サービス	[OPEN]	N/A	対象会社

3．実施したITデュー・デリジェンス手続

貴社の主要な目的	潜在的な課題	EY の作業
現状の IT システムの確認		
IT 関連の投資状況の把握	• IT 投資額の増加 • IT 投資対象の不適切性	• 20XX-20XX 年度における投資対象システムおよび投資金額に関する開示資料の確認 • 20XX-20XX 年度の将来 IT 投資対象システムおよび投資予定金額に関する開示資料の確認 • 追加確認が必要となった事項に対して，対象会社の IT 担当者へのインタビュー等による確認
システム（アプリケーション・ネットワーク・ハードウェア）の把握	• システム構成の不適切性 • ネットワーク構成の不適切性 • 現行システムの老朽化	• 現行使用システム一覧およびネットワーク構成についての質問 • 現行のシステムおよびネットワーク構成に関する開示資料の確認 • 追加確認が必要となった事項に対して，対象会社の IT 担当者へのインタビュー等による確認
IT システムの運用体制・運用コストの確認		
IT 関連の運用体制の把握	• IT 組織における人員配置の適切性 • ベンダーとの役割分担の適切性	• 現在の IT 部門の人員体制に関する開示資料の確認 • 現在の IT 部門の人員体制関連の開示資料への質問
IT 関連の契約状況の把握	• 株主変更に伴う IT 関連契約の再締結に伴う費用の発生 • 契約主体の変更に伴うシステム運用費用の増加	• 現在の使用システムおよびネットワークの契約主体に関する質問 • 現在の IT 関連契約の内容に関する質問
IT 関連の運用コストの把握	• IT 運用費用の増加	• 現在の IT 関連費用の項目および金額に関する開示資料の確認 • 過去の IT 関連費用の増減理由に関する質問
システム老朽化，スタンドアローン・イシューの検出	• システムの老朽化 • 株主変更に伴うシステム利用料の増加，システム再構築の必要性	• 現行使用システムのハードウェア・ミドルウェア・ソフトウェアのバージョンの確認 • 株主変更に伴う IT 関連イシューを，対象会社へのインタビュー等による確認
重大な再構築コスト発生の検知	• スタンドアローン化，および老朽化対応のため，大規模なシステム再構築の発生	• 開示情報を基にシステム再構築の必要性を検知した上で，当該投資が重大なコストとなり得るかを検知

【編者紹介】

EY | Building a better working world

EY は,「Building a better working world～より良い社会の構築を目指して」をパーパス（存在意義）としています。クライアント，人々，そして社会のために長期的価値を創出し，資本市場における信頼の構築に貢献します。

150カ国以上に展開する EY のチームは，データとテクノロジーの実現により信頼を提供し，クライアントの成長，変革および事業を支援します。

アシュアランス，コンサルティング，法務，ストラテジー，税務およびトランザクションの全サービスを通して，世界が直面する複雑な問題に対し優れた課題提起（better question）をすることで，新たな解決策を導きます。

EY とは，アーンスト・アンド・ヤング・グローバル・リミテッドのグローバルネットワークであり，単体，もしくは複数のメンバーファームを指し，各メンバーファームは法的に独立した組織です。アーンスト・アンド・ヤング・グローバル・リミテッドは，英国の保証有限責任会社であり，顧客サービスは提供していません。EY による個人情報の取得・利用の方法や，データ保護に関する法令により個人情報の主体が有する権利については，ey.com/privacy をご確認ください。EY のメンバーファームは，現地の法令により禁止されている場合,法務サービスを提供することはありません。EY について詳しくは，ey.com をご覧ください。

EY のコンサルティングサービスについて

EY のコンサルティングサービスは，人，テクノロジー，イノベーションの力でビジネスを変革し，より良い社会を構築していきます。私たちは，変革，すなわちトランスフォーメーションの領域で世界トップクラスのコンサルタントになることを目指しています。7 万人を超える EY のコンサルタントは，その多様性とスキルを生かして，人を中心に据え（humans @center），迅速にテクノロジーを実用化し（technology@speed），大規模にイノベーションを推進し（innovation@scale），クライアントのトランスフォーメーションを支援します。これらの変革を推進することにより，人，クライアント，社会にとっての長期的価値を創造していきます。詳しくは ey.com/ja_jp/consulting をご覧ください。

【執筆者】

EY ストラテジー・アンド・コンサルティング

末永　宣之　パートナー
須田　義孝　アソシエートパートナー
関　　智広　アソシエートパートナー
岩崎　　淳　ディレクター
近田　修一　ディレクター
市川　　淳　シニアマネージャー
関根麻里子　シニアマネージャー